Vorwort

Gemeinsam mit Familien neue Wege gehen

Eltern und Fachkräfte schaffen gemeinsam ein stabiles Netz für Kinder.

Eltern sind in der Regel die wichtigsten Bezugspersonen an der Seite ihrer Kinder. Doch diese verbringen inzwischen mehr Zeit in Bildungs- und Betreuungseinrichtungen als je zuvor. Mit dem ersten Tag in der Kita teilen sich die Eltern und die Fachkräfte das Betreuungsfeld für das jeweilige Kind (vgl. Gutknecht 2012). Deshalb gehört die Zusammenarbeit mit Familien zu den wichtigsten Aufgaben der pädagogischen Fachkräfte. Eine wechselseitige Partnerschaft auf Augenhöhe steht dabei im Mittelpunkt. Im besten Fall ermöglicht es diese Partnerschaft, dass die Kinder den täglichen Wechsel zwischen ihrem Zuhause und ihrer Betreuungseinrichtung meistern und beide Lebensräume zur gelungenen Entwicklung des Kindes beitragen.

Durch die Veränderung der gesellschaftlichen Bedingungen sind Familien vielfältiger geworden. Die Vielfalt bezieht sich auf Familienformen genauso wie auf die Bedingungen des Aufwachsens der Kinder. So ist es inzwischen die Norm, dass beide Elternteile arbeiten gehen. Sichtbar wird dies in den Kitas durch längere Öffnungszeiten, flexiblere Betreuungsangebote, Aufnahme sehr junger Kinder, Inklusion, aber auch Sprachvermittlung. Das Aufgabenspektrum und die Verantwortung der pädagogischen Fachkräfte wachsen stetig und haben auch in ihrer Komplexität zugenommen.

Um neue Aufgaben übernehmen zu können, müssen alte Aufgaben auf den Prüfstand. Als Beraterin für Kinder- und Familienzentren der Kinder- und Jugendstiftung begleite ich Kitas auf diesem Weg. Dabei erfahre ich auch, dass die Suche nach gut ausgebildetem Personal immer schwieriger wird. Bei gestiegenen Anforderungen sind Sie als Fachkraft deshalb gut beraten, mit ihren Ressourcen verantwortungsvoll und sparsam umzugehen.

Ich möchte Ihnen Mut machen, klassische Methoden der Zusammenarbeit mit Familien neu zu beleuchten. Wägen Sie Ihre Angebote unter Aufwand-Nutzen-Kriterien ab. Entscheiden Sie sich für wenige und qualitätsvolle Angebote, setzen Sie digitale Medien und Kommunikationswege dort ein, wo sie wirklich sinnvoll sind, und reduzieren Sie ganz bewusst die Angebote, die von Eltern nicht mehr angenommen werden oder deren Aufwand in keinem Verhältnis zum Nutzen steht. Das Ziel dieses Heftes ist es, dass Sie an die tägliche Zusammenarbeit mit Familien mit Leichtigkeit, Lust und Achtsamkeit herangehen und so auch an herausfordernden Situationen wachsen können.

Gabriele Schmal

Gabriele Schmal

ist Sozialpädagogin, Kindheitspädagogin (M.A.) und Kita-Leiterin in Freiburg.

Inhalt

Bei allen gesellschaftlichen Veränderungen bleibt das Kind im Fokus.

I. Zusammenarbeit mit Familien – aktuell und herausfordernd

Eltern von Kindern sind keine homogene Gruppe, die auf wenige Merkmale zu reduzieren ist. Heute sind Familien unterschiedlicher als je zuvor. Ob Alleinerziehende, in Trennung lebend, Patchworkfamilie, Pflege- oder Adoptiveltern oder auch Großfamilien – Kinder wachsen in einer Vielzahl von familiären Strukturen auf, in unterschiedlichen sozialen und kulturellen Kontexten. Diesen Familien ist gemein, dass sie Kinder erziehen und ihnen Werte mit auf den Weg geben. Egal wie unterschiedlich Familien sind, sie bringen Erfahrungen in ihrem eigenen biografischen Kontext mit. Für unsere Gesellschaft erbringen sie also eine Leistung, die aufgrund der vielfältigen Anforderungen an Eltern komplexer und schwieriger geworden ist. Sie sind auf Unterstützung angewiesen.

Gemeinsam mit den Fachkräften teilen sie die Verantwortung zum Aufwachsen der Kinder. Dabei gehen Familien mit Vorschubvertrauen auf die Fachkräfte in den Kitas zu, wenn sie ihre Kinder in deren Hände geben. Durch Veränderungen wie die Erwerbstätigkeit bei-

Während der Corona-Pandemie haben sich viele Problemlagen für Familien zugespitzt.

der Eltern und der damit verbundenen späteren Elternschaft ergeben sich neue Herausforderungen. Im besten Fall entsteht eine Zusammenarbeit Hand in Hand, die den Blick darauf richtet, dass die Expert:innen für die Kinder immer die Eltern bleiben.

1. Familien im Wandel

Gesellschaftliche Rahmenbedingungen verändern sich stetig. Die weltweiten Auswirkungen der Corona-Pandemie haben uns das deutlich vor Augen geführt. Für Familien kam es durch die Schließung von Schulen und Kitas zu einschneidenden Veränderungen. Der Aus- und Umbau digitaler Angebote nahmen mit rasantem Tempo Fahrt auf. Oft konnte der Kontakt zu den Kindern nur durch Einsatz und privates Engagement gehalten werden.

Aus der Praxis

Familie Weber hat drei Kinder und lebt in einer kleinen Stadtwohnung. Die eher beengten Wohnverhältnisse waren zuvor nicht problematisch, da alle drei Kinder viel Zeit in Betreuungseinrichtungen, Sportvereinen und auf dem großen Spielplatz ihres Wohnblocks verbrachten. Doch zu Beginn der Pandemie im Jahr 2020 arbeiteten beide Eltern plötzlich im Homeoffice und die zwei Schulkinder versuchten, dem digitalen Schulangebot zu folgen. Freizeitangebote brachen weg und der Spielplatz war über Monate gesperrt. Die Betreuung und Förderung der damals 3-jährigen Yara, der jüngsten Tochter, waren unter diesen Umständen schwer möglich. Yara verbrachte viel Zeit in der Wohnung und musste sich allein beschäftigen. Digitale Medien spielten zwangsläufig eine große Rolle.

Viele Kitakinder haben diese beengten Verhältnisse mit Ängsten vor Ansteckung, emotionalem Stress und eingeschränkten Entwicklungsmöglichkeiten erlebt. Die Auswirkungen sind bis heute spürbar. Für die pädagogischen Fachkräfte erhöhte sich die Anzahl der Familien, die umfängliche Beratung zur Förderung ihrer Kinder benötigten. Die Anforderungen an Familien während dieser Zeit waren beachtlich und die gesellschaftliche Unterstützung mangelhaft.

Weiterhin sind die Auswirkungen durch kriegerische Auseinandersetzungen und damit verbundene Marktveränderungen spürbar. Besonders Familien mit Kindern leiden unter steigenden Preisen und mangelnder Kaufkraft. Nicht zuletzt erfahren wir die Auswirkungen durch Migrationsbewegungen. Eltern suchen für sich und ihre Kinder einen sicheren Ort. Mit Deutschland verbinden viele einen hohen Lebensstandard, gute soziale Absicherung und Arbeitsplätze. Deutschland ist ein Einwanderungsland geworden und passt die Regeln des Zusammenlebens dahingehend an. So kommen fremde Kulturen mit den hiesigen in Kontakt und bilden einen neuen kulturellen Kontext. Die Unterschiedlichkeit der Kulturen wird auch im Hinblick auf die Erziehungsvorstellungen deutlich. Die daraus erwachsenden Herausforderungen und Spannungsfelder erleben Familien wie Bildungs- und Betreuungseinrichtungen gleichermaßen. Insgesamt haben diese gesellschaftlichen Bedingungen zur Folge, dass Kinder und Jugendliche im 21. Jahrhundert anders aufwachsen als noch vor 20 Jahren. So funktioniert Familie heutzutage nur im Zusammenspiel mit unterstützenden Institutionen.

Der Kita-Platzmangel spitzt sich jedoch weiter zu und nicht jedes Kind bekommt ein passendes Angebot. Viele Familien müssen sich während dieser Krisenerfahrungen an neue Bedingungen anpassen. Oft müssen sie Entscheidungen treffen, die den Lebensunterhalt und die Grundbedürfnisse der Familie sichern, aber nicht unbedingt zugunsten der Kinder ausfallen. Die Anzahl der Kinder, die keine angemessene vorschulische Bildung und Förderung genießen, steigt wieder an.

In den letzten Jahren wurde vielerorts der quantitative Kita-Ausbau vorangetrieben. Der Fachkräftemangel wurde jedoch unterschätzt und unzureichend gelöst. Für viele Bildungseinrichtungen, Schule und Kitas gleichermaßen, ist dies nun eine besondere Herausforderung.

2. Von der Kleinfamilie zur familiären Lebensform

Neben den Anforderungen an Familien haben sich auch Familienformen verändert. Die konventionelle Kleinfamilie mit dem Vater als Haupternährer findet man immer seltener. Daneben haben sich Ein-Eltern-Familien, Patchworkfamilien, binationale Familien mit zum Teil engmaschigen Familienverbänden und gleichgeschlechtliche Paarfamilien entwickelt, die der Begriff „familiäre Lebensform“ zusammenfasst (vgl. Peuckert 2008). Moderne „familiäre Lebensformen“ zeichnen sich durch Flexibilität, höhere Anzahl an Betreuungspersonen und unkonventionelle Erziehungsstile aus. Sie gewährleisten den Kindern ein soziales Miteinander, dessen Form die Sorgenden frei gewählt oder bestimmt haben.

Aus der Praxis

Die Kinder Mathilda, Leon, Johann und Isabell gehören zu einer Patchworkfamilie. Sie besuchen alle die gleiche Kita. Der Lebensmittelpunkt von Mathilda und Leon wechselt zwischen dem Einfamilienhaus des Vaters und der Wohnung der Mutter. Beide Elternteile haben neue Partner:innen, die jeweils ein Kind in die Gemeinschaft mitbrachten – Johann und Isabell. Die Familien wohnen im gleichen Stadtteil, sodass der Wechsel von einer Wohnung zur anderen unkompliziert ist. Die Fachkräfte sahen sich dadurch mit für sie neuen Fragestellungen konfrontiert. Sollten die Kinder auch in der Kita eine Gruppe besuchen? Mit welchen Elternteilen sollen sie die Entwicklungsgespräche führen? Wem dürfen sie was im Tür- und Angelgespräch berichten?

Solche Familienkonstellationen erfordern eine gute Kommunikation, um allen Beteiligten eine hohe Transparenz zu gewährleisten. Jurczyk et al. beschreiben Familie treffend als einen aktiven Gestaltungsprozess, an dem mehrere beteiligt sind. Der Ansatz des „Doing Family“ bedeutet, dass diese Beteiligten zueinanderfinden, ohne sich festen Regeln unterwerfen zu müssen (vgl. Jurczyk et al. 2014). Die saloppe Übersetzung des Ansatzes „Familie hat man nicht, Familie macht man sich“ von Evanschitzky und Zöller (Evanschitzky, Zöller 2021, S. 43) trifft es in meinen Augen genau. Es kommt also darauf an, dass die pädagogischen Fachkräfte mit allen Beteiligten besprechen, wer welche Informationen für welches Kind benötigt. Es hat sich bewährt, dass im Entwicklungsgespräch die leiblichen Elternteile beide anwesend sind. So fließen alle Informationen zu gleichen Teilen in beide Familiensysteme. Das jährliche Entwicklungsgespräch reicht in diesen Konstellationen nicht aus. Es sollten also Informationsgespräche in kürzeren Abständen stattfinden. Das Tür- und Angelgespräch bleibt wichtig für tagesaktuelle und organisatorische Informationen. Achten Sie hierbei darauf, dass Sie alle Bezugspersonen gleichermaßen informieren und keine bevorzugen.

Väter sind als Rollenvorbild und Bezugsperson in der Kita willkommen und präsent.

3. Mütter und Väter gleichermaßen ansprechen

In der Kita ist spürbar, dass Väter immer öfter Ansprechpartner rund um die Versorgung der Kinder sind und Frauen gleichberechtigt zum Lebensunterhalt beitragen. Unser Kinder- und Familienzentrum beispielsweise arbeitet mit Lern- und Erlebnisbereichen. Es gibt eine Ernährungswerkstatt, in der mit den Kindern gekocht, geschnippelt und auch gebacken wird. Die Fachkräfte beziehen gern Eltern in die Arbeit mit ein. Dabei wenden sie sich häufig immer noch zuerst an die Mütter der Kinder. Besser wäre, wenn zuerst das Gespräch mit den Kindern gesucht wird. Was esst ihr gern? Wer kann die Speise bei euch zu Hause am besten zubereiten? Wer könnte uns in der Kita dabei helfen? Die Kinder entwickeln gute Ideen und ich habe erlebt, dass es der Opa war, der die beste Kürbissuppe mit den Kindern zubereitet hat.

Wenn Frauen Hauptverdienerinnen der Familie sind, holen sie die Kinder seltener ab. Der Zeitanteil an den Erziehungsaufgaben verteilt sich entsprechend dem Arbeitsaufkommen der Eltern. Die Fachkräfte in der Kita sollten deshalb beide Elternteile gleichberechtigt in die Arbeit mit den Kindern einbeziehen. Die Angebote sollten sich an Mütter und Väter gleichermaßen richten und die "Väterfreundlichkeit" der Einrichtung reflektiert werden.

Gleichberechtigte Beteiligung beider Elternteile

- Väter und Mütter werden als gleich wichtige Bezugspersonen der Kinder anerkannt.
- Beide Elternteile werden zu vielfältigen Angeboten der Kita eingeladen. Dabei werden die unterschiedlichen Wünsche der Väter und Mütter einbezogen und als Grundlage für die Planung der Elternangebote genutzt.
- Auch andere Familienmitglieder wie Großeltern oder Geschwister können den Kita-Alltag bereichern.
- Das Kita-Team setzt sich möglichst aus männlichen und weiblichen Fachkräften zusammen.
- Zur Eingewöhnung, zu Elterngesprächen und Entwicklungsgesprächen werden immer beide Elternteile eingeladen.
- Die Elternvertretung setzt sich aus Frauen und Männern zusammen.
- Möglichkeiten zum Austausch der Eltern wie zum Beispiel das Eltern-Café richten sich an Väter und Mütter.

4. Risiken und Chancen der veränderten Familienstrukturen

Die heutigen Familienstrukturen werden oft nur aus Sicht ihrer Risiken betrachtet. Dass Kinder in zwei Familien aufwachsen (Wechselmodell) bleibt zwar in Deutschland eher die Ausnahme, birgt aber für Kinder einige Vorteile (vgl. Uni Marburg 2021). In Patchworkfamilien helfen oft neue Partner:innen oder Großeltern bei der Erziehung mit. Kinder sind gut in der Lage, unterschiedliche Erziehungssituationen zu differenzieren, und passen sich flexibel an. Studien belegen, dass Männer dieselben Voraussetzungen für eine liebevolle und kompetente Eltern-Kind-Beziehung haben wie Frauen (vgl. Fthenakis 1993). Bei intensiver Beziehungsgestaltung und guter Bindung zu einer oder mehreren Personen haben Kinder durchaus Vorteile in flexiblen Lebenswelten. Denn diese spiegeln die heutige diverse Gesellschaft und werden für unsere Kinder so gelebte Normalität.

Aus der Praxis

Natascha geht seit drei Monaten in die grüne Gruppe der Kita Kunterbunt. Sie ist ein selbstständiges und auf ihre Autonomie bedachtes Kind. So entscheidet sie gern allein, welche Jacke sie am Morgen anziehen möchte. Die blaue Hose gefällt ihr nicht mehr und sie lehnt es vehement ab, diese anzuziehen. Wenn Natascha ihre Oma besucht, gibt es deshalb oft Streit. Mit ihren Eltern kann Natascha darüber sprechen und sie trauen ihr zu, dass sie bereits selbst entscheiden kann, welche Kleidung ihrem Geschmack entspricht. An einem kalten Tag kommt Natascha mit einer dünnen Jacke in die Kita und beginnt zu frieren, während sie im Außengelände spielt. Ihre Erzieherin Kati geht mit ihr vertrauensvoll ins Gespräch. Dabei schätzt sie wert, dass Natascha bereits selbst die Auswahl trifft, und urteilt auch nicht über die Eltern. Sie hilft in der Situation mit einem weiteren Pulli aus. Im Gespräch mit den Eltern bestärkt sie das Autonomiebestreben des Kindes positiv und bittet die Eltern um ausreichend Wechselkleidung für diese Fälle.

Ich finde es gut, dass Kinder zunehmend als gleichwürdige Familienmitglieder betrachtet werden. Sie sind Persönlichkeiten, die bereits früh eigene Vorstellungen von ihrem Leben entwickeln. Deshalb werden sie auch nach ihren Bedürfnissen, Meinungen und Standpunkten gefragt und die Auffassung vom „Kind als Akteur seiner Entwicklung“ hat sich in vielen Familien etabliert (vgl. Schäfer 2005; Laewen, Andres 2002). Der Erziehungsstil der Eltern unterliegt genauso Veränderungen wie die Familie selbst und ist abhängig von der jeweiligen Familienkultur (vgl. Evanschitzky, Zöller 2021). Der ehemals vorherrschende autoritäre Stil, der Kindern vor allem Gehorsam und Anpassung abverlangte, verändert sich hin zu einem autoritativen Stil: Verbindlich ist, was vereinbart wurde. Diese Vereinbarungen richten sich inzwischen in vielen Familien in erster Linie nach den Interessen und Vorstellungen der Familienmitglieder und erst zweitrangig nach Ansprüchen und Anforderungen, die von außen an die Familie herangetragen werden. So werden die Interessen der Familienmitglieder als gleichwertig anerkannt, und es erfolgen Abstimmungen untereinander. Die Großzügigkeit und Liberalität, die viele Eltern ihren Kindern gegenüber praktizieren, ist ein Gewinn für die Entwicklung der Kinder.

Doch auch dieser Erziehungsstil birgt Risiken, wenn er nicht mit Augenmaß und sinnvollen Grenzen praktiziert wird. Die Eltern beziehen oft in guter Absicht die Kinder in ihre Überlegungen ein. Sie möchten den Kindern möglichst viele Wahlmöglichkeiten lassen. Doch mit einigen Entscheidungen sind Kinder überfordert.

Reflexionsfragen zu Vielfalt von Familien und deren Ressourcen

- Aus welchen Familien kommen die Kinder, die unsere Kita besuchen? Welche kulturellen Besonderheiten haben die Familien? Wie sind die Arbeitsanteile in der Familie verteilt?
- Welche Ressourcen haben die einzelnen Familien? Werden Familienmitglieder einbezogen, die nicht zur Ursprungsfamilie gehören (Tanten, Onkel, Omas oder Opas)?
- Haben sich die Fachkräfte der Kita mit der veränderten Väterrolle auseinandergesetzt? Werden Väter und Mütter gleichermaßen in den Alltag der Kita einbezogen? Richten sich die Materialien im Elternbereich der Kita auch an Männer? Sind die Angebote für Eltern für Väter und Mütter gleichermaßen interessant?
- Wie profitieren die Kinder von der aktiven Beteiligung beider Elternteile? Welche Möglichkeit eröffnet es den Kindern, wenn weitere Familienmitglieder in die Arbeit der Kita einbezogen werden? Werden die Ideen der Kinder zur Einbeziehung ihrer Familie gehört?
- Was brauchen die unterschiedlichen Familien mit ihren Kindern, um sich bei uns wohlzufühlen? Wie tauschen wir uns über die individuellen Bedarfe aus? Welche Möglichkeiten zur Anpassung und Veränderung der Kita haben wir? Wer übernimmt bei diesem Prozess welche Aufgaben?

Aus der Praxis
Emmas Vater bringt das Mädchen am Morgen in die Kita. „Was ist heute los?“, fragt er. „Du bist so langsam und traurig? Was gefällt dir heute nicht? Hast du keine Lust?“ Auf Emmas ehrliche Antwort, dass sie heute wirklich keine Lust hat, ist er nicht gefasst. „Es geht aber nicht anders“, sagt der Vater genervt. Die Situation eskaliert, denn die Kleine beginnt zu schreien und zu treten und möchte nicht in die Kita gebracht werden. In dieser Situation gab es für den Vater keine wirkliche Wahlmöglichkeit, denn er musste arbeiten und seine Tochter sollte die Kita besuchen. Für beide wäre es hilfreicher gewesen, wenn der Vater Emmas Gefühle gespiegelt und wertgeschätzt hätte. Ihr hätte es geholfen,

Zugewandt unterstützen und auf Augenhöhe bleiben – so wollen viele Eltern heute erziehen.

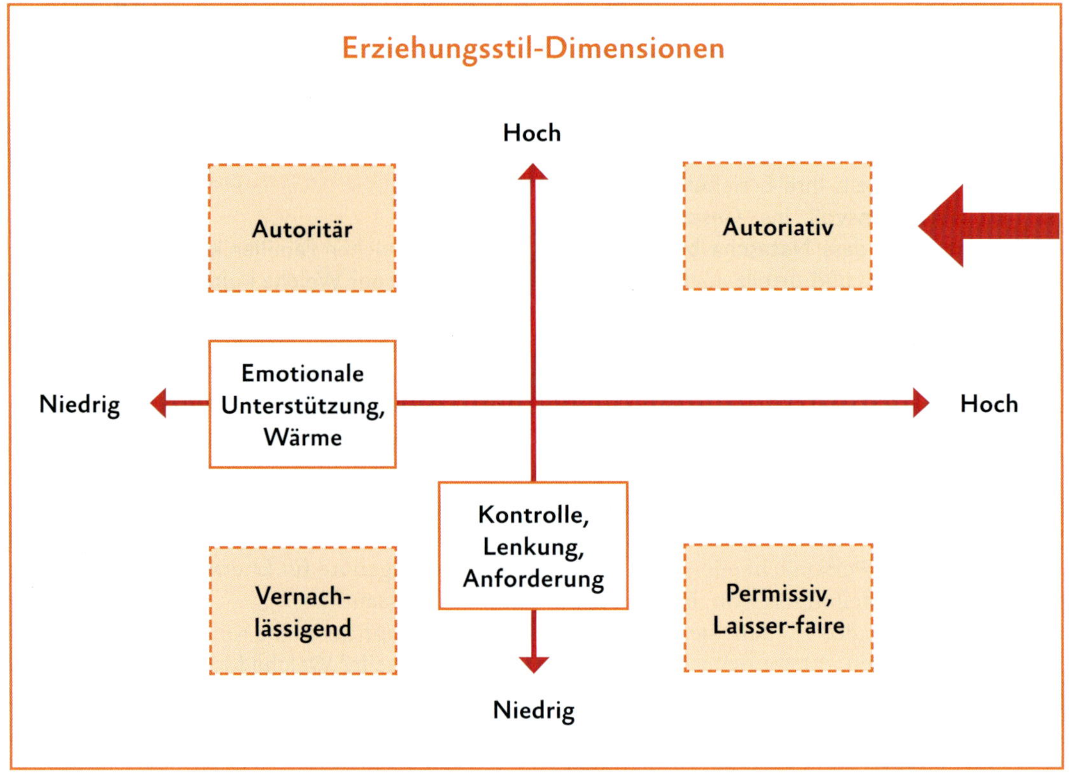

Die verschiedenen Erziehungsstile weisen unterschiedliche Grade an Zugewandtheit und kontrollierender Lenkung auf (eigene Darstellung, nach Liebenwein 2008).

wenn der Papa nicht so viel gefragt, sondern erklärt hätte, dass nicht jeder Tag gleich ist und auch er manchmal lieber im Bett bleiben würde. Beide hätten sich angenähert und die Eskalation an der Kita-Tür wäre vermieden worden.

Das Beispiel zeigt, dass die autoritative Herangehensweise auch fordernd für Eltern sein kann. Sie benötigen Unterstützung darin, welche Themen kindgerecht diskutiert werden können und sich für die Autonomieentwicklung eignen. Bei Themen, die die Sicherheit oder die Gesundheit des Kindes betreffen, sind klare Ansagen hilfreich. Angebote vonseiten der Kita, die Eltern in ihrer Kommunikation unterstützen, werden deshalb immer beliebter.

Auch Wissenschaftler:innen haben Chancen und Risiken heutiger Elternschaft untersucht. Dittmann umschreibt die Risiken so: „Wo früher noch ein enges Netzwerk aus familiären Beziehungen um eine Familie herum gesponnen war, steht heute die Kernfamilie häufig allein da, z. B. weil die Familie weit weg wohnt oder es aufgrund der Ein-Kind-Familien nur noch wenige Angehörige gibt" (Dittmann 2012, S. 12). Und für Diller und Schelle sind diese Risiken relevant:

- „Die Leistungen der Familie sind keine naturwüchsig ablaufenden Prozesse, vielmehr ist Familie eine ständige Herstellungsleistung. Die Gestaltung familialen Zusammenhalts ist aufwendig, risikoreich und muss ständig neu gelingen.
- Die geforderte berufliche Mobilität und Flexibilität erschweren die Gestaltung des Familienlebens und die Vereinbarkeit von Familie und Beruf.
- Der Anteil von Familien in prekären Lebenslagen steigt. Ein ausreichendes Einkommen und ein sozial gesicherter Arbeitsplatz, der Familien Planungssicherheit über einen längeren Zeitraum ermöglicht, werden zur Ausnahme" (Diller, Schelle 2009, S. 8).

Eltern stehen vor einer Vielzahl von Herausforderungen. Solche Herausforderungen können Erziehungsfragen, die Bewältigung persönlicher und sozioökonomischer Krisen, die Vereinbarkeit von Familie und Beruf oder der Aufbau sozialer Kontakte sein.

Oft sind die Fachkräfte der Kita die ersten Ansprechpartner, wenn es zu Problemen in der Familie kommt. Sich Zeit zu nehmen und zuzuhören muss trotz des prall gefüllten Tagesplans möglich sein. Es stärkt die partnerschaftliche Beziehung zwischen Fachkräften und Familie. Deshalb ist es hilfreich, wenn die Fachkräfte einen Überblick haben, welche Hilfeeinrichtungen bei unterschiedlichen Herausforderungen infrage kommen. Oft haben sie einen übersichtlichen Ordner angelegt, in dem Adressen und Ansprechpartner zu finden sind. In manchen Kitas sind in regelmäßigen Abständen Sozialarbeiter:innen oder Familienberater:innen vor Ort. Die Professionalität der Fachkräfte zeigt sich gerade dadurch, dass sie die Familien an die richtigen Beratungsinstitutionen verweisen und zu diesen Kontakt halten. Die Stärke liegt in der Ermutigung der Familie, sich zu öffnen und Hilfen in Anspruch zu nehmen.

In allen Bundesländern ist eine Ganztagesbetreuung vorgesehen, sodass beide Elternteile berufstätig sein können. Die Betreuungszeiten wurden flexibel und umfänglicher. Außerdem wurde das Platzangebot für Kinder unter drei Jahren vergrößert. Bereits im August 2013 trat der Rechtsanspruch für Kinder unter drei Jahre in Kraft (vgl. Diller, Schelle 2009). Die Fachkräfte in den Einrichtungen spielen eine wichtige Rolle bei der Elternberatung in Bezug auf das passende Platzangebot. Dabei müssen sie sich immer wieder individuell auf einzelne Familien einstellen, Informationen über die jeweilige Familienkultur zusammentragen und kultursensibel agieren. Die Wohnortnähe der Kitas ist dabei ein wichtiger Faktor. Für viele Eltern und ihre Kinder ist die Kindertagesstätte drei Jahre lang ein täglicher Ort der Begegnung, an dem kontinuierliche und verlässliche Beziehungen aufgebaut und nachbarschaftliche Kontakte gefördert werden. Kaum eine andere Einrichtung für Familien ist so niederschwellig wie die Kita. Deshalb eignet sie sich für die Schaffung bedarfsgerechter, familienfördernder Angebote, die Risiken für Kinder abbauen können.

5. Was ist eine „gute Familie"?

Haben Sie sich diese Frage bereits gestellt? Eltern haben eine Schlüsselrolle im Sozialisations- und Entwicklungsprozess der Kinder. Jede Familie versucht, die besten Startbedingungen für Ihre Kinder zu schaffen. Doch wie können diese aussehen?

Die Entwicklung der Kinder findet in unterschiedlichen Kontexten (Kita, Zuhause, Vereine, Großeltern) statt (vgl. Bronfenbrenner 1981). Darauf aufbauend untersuchten Anders et al. die familiäre Anregungsqualität. Sie konnten zeigen, dass diese Bedeutung für die Entwicklungsmöglichkeiten der Kinder hat (vgl. Anders et al. 2016). Es spielen demnach die häusliche Umgebung, die Zeitressourcen und Einkommensverhältnisse der Eltern, aber auch Einflüsse durch Gleichaltrige, durch Schule und Kita eine Rolle. Der wichtigste Aspekt ist, dass die Entwicklung der Kinder durch bestimmte Verhaltens- und Interaktionsmuster der Erwachsenen positiv unterstützt und gefördert werden kann. **Die Familie kann also unabhängig vom materiellen Hintergrund Ressource oder auch Benachteiligungsrisiko für die kindliche Entwicklung sein.**

Anders zeigt außerdem, dass es positiv wirkt, wenn Familie und Kita im Austausch stehen. So erzielte die Wechselwirkung zwischen Anregungsqualität der Familie und der Bildungseinrichtung positive Effekte (vgl. Anders et al. 2016).

Hohe Anregungsqualität ist gegeben, wenn die Lern- und Entwicklungsumgebung der Kinder in einem ganzheitlichen Sinne gefördert wird. Kinder benötigen Möglichkeiten, sich im Freien und in der Natur aufzuhalten, sich genügend zu bewegen. Sie brauchen mu-

Fachkräfte können Eltern in ungezwungener Atmosphäre niederschwellig beraten.

Hilfreiche Fragen zur Selbstreflexion

- Wer gehört für mich zu einer Familie?
- Wie stelle ich mir eine „gute Familie" vor?
- Welches Verhalten der Familienmitglieder finde ich nicht gut?
- Was stört mich am meisten im elterlichen Umgang mit dem Kind?
- Kenne ich die „Familienkultur" und was löst sie in mir aus?
- Habe ich Vorurteile? Sind mir diese bewusst?

tige Erwachsene, die dies unterstützen. Ganzheitliche Förderung beinhaltet unterschiedliche Entwicklungsbereiche (körperlich, emotional, sozial, kognitiv, musisch), die gleichermaßen angesprochen werden. Höchste Anregungsqualität erzeugt demnach ein Miteinander von Menschen, in dem gelacht, gesungen und gemeinsam gespielt wird. Gleichzeitig zeigten diese Menschen Interesse an den Themen der Kinder, konnten zuhören und forschten durch unzählige Fragen nach den kindlichen Interessen. Durch die Ideen der Kinder konnten Interessen aufgegriffen und Fragen der Kinder beantwortet werden. Diese Anregung wurde dann erreicht, wenn es zwischen Fachkräften der Kita und den Eltern einen stabilen Austausch und Kooperation gab. Ein solches Umfeld ist unabhängig von monetären Ressourcen zu erreichen und bildet die Basis für den gemeinsamen Lebens- und Entwicklungsweg in der Familie.

Freude, Anregung und ein entspanntes Miteinander – diese Qualitäten sind für Kinder in Familien wichtig.

Aus der Praxis

Bei der Eingewöhnung des 4-jährigen Samu ist die Fachkraft Jenna irritiert. Samus Mutter nimmt ihm scheinbar jeden Handgriff ab, zieht ihn an der Garderobe an und aus und schneidet ihm das Essen in kleine Stückchen. Jenna, deren eigene Kindheit von Freiheit und der frühen Erziehung zur Selbstständigkeit geprägt war, bemerkt, dass in ihr das Urteil „Helikoptermutter" auftaucht. Doch als sie Samu in den nächsten Tagen beobachtet, fällt ihr auf, dass der Junge sich problemlos selbstständig anziehen und essen kann, motorisch geschickt und in der Interaktion mit anderen Kindern selbstbewusst und sehr empathisch ist. Um ihr widersprüchliches Bild der Familie aufzulösen, geht sie in den nächsten Tagen bewusst immer wieder mit Samus Mutter ins Gespräch. Sie erfährt, dass Samu das jüngste von fünf Kindern ist. Häufig, so äußert es die Mutter, müsse er seine Bedürfnisse aufgrund der Termine, Schulaufgaben und Verpflichtungen der älteren Geschwister zurückstellen. In der Eingewöhnungszeit habe sie es deshalb genossen, ganz für ihn da sein zu können.

Im Austausch mit der Mutter und durch ihre reflektierte Haltung konnte Jenna ihr vorschnelles Urteil korrigieren. Das Verhalten der Eltern in der Kita ist grundsätzlich immer nur ein kleiner Ausschnitt des Familienlebens, der sich nicht zwangsläufig auf das gesamte Erziehungsverhalten übertragen lässt.

Kinder fühlen sich willkommen und sicher, wenn Eltern und Fachkräfte einen vertrauensvollen Umgang haben.

Grundlagen der Erziehungspartnerschaft

1. Vertrauensvolle Partnerschaft zum Wohl des Kindes

In der Kita treffen die Systeme „Familie“ und „Einrichtung“ mit ihren unterschiedlichen Kulturen aufeinander. Im besten Fall haben die Eltern und die Fachkräfte der Kita das gemeinsame Ziel, ein gesundes und förderliches Umfeld für die Bildung und Entwicklung der Kinder zu schaffen. Sie gehen einen gemeinsamen Weg, der die Unterschiedlichkeit der Kultur beider Systeme respektiert. Sie tauschen sich aus, formulieren gemeinsam Fragen und Aufgaben und freuen sich an den sichtbaren Entwicklungsschritten des Kindes. Es ist ihr gemeinsamer Erfolg, wenn das Kind den Wechsel zwischen den Systemen meistert und sich in beiden wohlfühlt.

Früher wurde die „Elternarbeit“ oftmals darauf reduziert, dass die Eltern informiert und zu bestimmten Höhepunkten im Kita-Alltag eingeladen wurden. Diese einseitige Sichtweise gipfelt oft in Frust, wenn Eltern die Einladung nicht annehmen und sich unverstanden fühlen. Deshalb lohnt es sich, die Art der Zusammenarbeit unter die Lupe zu nehmen. Die höchste Zufriedenheit auf beiden Seiten stellt sich ein, wenn es ein echtes Interesse an

Haltung in der Erziehungspartnerschaft

Der Prozess von Zusammenarbeit zur Partnerschaft wird durch eine Haltung unterstützt, die so gekennzeichnet ist:

- Gegenseitiges Verständnis = dialogische Haltung, gekennzeichnet durch aktives Zuhören und Wahrnehmen.
- Respekt und Wertschätzung = sichtbar in ehrlichem Interesse am Gegenüber und die Bereitschaft zur Zuwendung.
- Vertrauen = kann wachsen durch Sensibilität für die Unterschiedlichkeit der Familien, durch einen nicht beurteilenden Blickwinkel und die Bereitschaft zur Selbstreflexion, um eigene Vorurteile zu erkennen.
- Gemeinsames Formulieren von Aufgaben = durch eine ressourcenorientierte Haltung, die Stärken hervorhebt und wachsen lässt.

der Arbeit beider Seiten gibt. Sowohl die Fachkräfte als auch die Familie leben und erfahren ein freundliches Miteinander, das von gegenseitigem Respekt geprägt ist. Erziehungspartnerschaft ist also eine Haltung, die von den Fachkräften hohe Professionalität voraussetzt. Diese Haltung ist nicht automatisch gegeben. Eine gute Voraussetzung ist gegenseitiges Verständnis, denn jedes Handeln hat seinen Grund. Wenn die Vorstellungen sehr unterschiedlich sind, hilft es, die Methode der Perspektivenübernahme anzuwenden.

Aus der Praxis

Leos Eingewöhnung gestaltet sich schwierig. Er löst sich ungern von seiner Mutter und zeigt an seinen neuen Bezugspersonen wenig Interesse. Seine Mutter hat ihre Erwartungen bereits am ersten Tag klar ausgesprochen: Sie möchte in zwei Wochen wieder arbeiten gehen. Während der ersten drei Tage ist sie zu den Fachkräften distanziert und spricht wenig. Bereits am zweiten Tag möchte sie sich schnell zurückziehen und die freie Zeit für ihre Arbeit nutzen. Am dritten Tag hält sie sich nicht an die vereinbarten Zeiten für die Eingewöhnung. Erzieher Peter, der für die Eingewöhnung zuständig ist, ist enttäuscht über das Verhalten der Mutter. Er denkt darüber nach, ob er im Erstgespräch gut erklärt hat, warum der Aufbau des gegenseitigen Vertrauens für Leo so wichtig ist. Er forscht nach Ursachen. Zunächst sucht er das Gespräch zu seiner Kollegin Verena. Er fragt sie nach ihren Beobachtungen und sie tauschen sich aus. Verena schlägt ihm vor, sich in die Lage der Mutter zu versetzen. Durch diesen Rollenwechsel fühlt Peter den ungeheuren Druck, den Leos Mutter in sich trägt. Viele Fragen stellen sich ihm. Ist Leos Mutter die Hauptverdienerin? Kann sie unterstützt werden? Welche biografischen Bezüge verbindet sie mit der Betreuung in der Kita? Wie ist ihr Verhältnis zu Leo? Welche Familienmitglieder gibt es außer Leos Mutter? Was genau kann ich dazu beitragen, dass Vertrauen wächst? Habe ich genug über unsere Kita und unsere Bildungsvorstellungen berichtet?

Durch diesen Perspektivwechsel wird Peter bewusst, dass er gern Antworten auf seine Fragen hätte. Er möchte nochmals mit Leos Eltern sprechen und mehr über die Familie erfahren. So bietet er an, Leo zu Hause zu besuchen, um mehr über ihn zu erfahren. Im vertrauensvollen, heimischen Umfeld öffnen sich die Eltern und Peter erfährt viele Details, die für das Kennenlernen der Familie hilfreich sind. Er setzt die Eingewöhnung nun gestärkt fort und versteht Leos Verhalten viel besser. Das Fundament für die Beziehungsgestaltung ist fester geworden.

Die Haltung der Fachkräfte spiegelt sich in den täglichen Handlungen und wird für Kinder und deren Familien gleichermaßen spürbar. Familien spüren diese Haltung, geben sie zurück und freuen sich an der Mitgestaltung und Transparenz. So übernehmen beide Seiten (Fachkräfte genauso wie Eltern) Verantwortung für den Bildungs- und Entwicklungsprozess ihrer Kinder.

Keiner kennt ein Kind besser und länger als seine Eltern. Deshalb möchten Fachkräfte die Geschichte des Kindes erfahren und interessieren sich für die Lebenswelt in der Familie. Damit nehmen sie die Eltern als Expert:innen für ihr Kind wahr und ernst. Kinder gehen eine erste emotionale Bindung mit den Sorgepersonen (meistens den Eltern) ein, die grundlegend und existenziell für sie ist. Es spielt für diese Bindung keine Rolle, wie die Familie materiell ausgestattet ist.

Pädagogische Fachkräfte haben Möglichkeiten, die den Eltern nicht ohne Weiteres offenstehen. Sie erleben das Kind im Setting einer Kindergemeinschaft und können beobachten, wie das Kind mit anderen Kindern in Beziehung tritt. Sie können Kinder in ihrer Entwicklung vergleichen und verfügen über Erfahrungen und Fachwissen in entwicklungspsychologischen Fragen. So bringen sie neue Blickwinkel und Sichtweisen bei der Verortung des Entwicklungsstandes des Kindes ein. Oft sind, vorausgesetzt ein Vertrauen ist gewachsen, die Übergänge vom Entwicklungsgespräch zur Entwicklungsberatung fließend. Viele Fachkräfte verfügen über ein großes Repertoire im beratenden Kontext und planen ihre Elterngespräche entsprechend. Manchmal geschieht Beratung auch unbewusst, wenn sich beispielsweise bei Hospitationen, beim Kochen oder Vorbereitung von Festen die Vorbildwirkung der Pädagog:innen entfaltet. Das ist oft die beste Beratungsmethode.

Aus der Praxis

Während der Eingewöhnung sitzt Frau Schäfer mit am Frühstückstisch ihres Kindes Hanna. Der Pädagoge Amir zeigt ihr, wie eine gut gefüllte Frühstücksdose aussehen könnte. Dabei geht er auf die gesunde Ernährung ein und weist auf den überraschenden Zuckergehalt einiger Produkte hin. Frau Schäfer schaut Amir gespannt über die Schulter, als er eine Krone in den Apfel schneidet, um Hanna eine Freude zu machen. Danach probiert Frau Schäfer es selbst aus und freut sich über ihr Ergebnis.

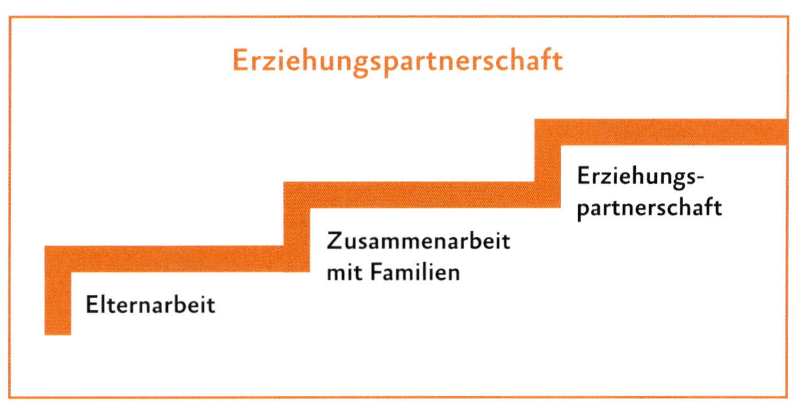

Im Prozess kann aus Elternarbeit eine Beziehung wachsen.

Damit das Erfahrungswissen der Fachkräfte auch von Familien akzeptiert und ausprobiert wird, ist das Vertrauensverhältnis ausschlaggebend, besonders im Kontext einer vertrauensvollen Beziehung.

Im Konzept des „Beziehungsdreiecks“ wird eine gleichberechtigte und aktive Form der Partnerschaft zwischen Eltern und Fachkräften beschrieben. Diese Philosophie wurde im „Pen Green Early Excellence Centre“ in Corby begründet und wurde weit über die Landesgrenzen hinaus bekannt. In diesem Dreieck haben Kinder, die Familie des Kindes und die pädagogischen Fachkräfte Erwartungen aneinander. Es gibt bestimmte Hoffnungen, Befürchtungen, Wünsche und Bedürfnisse. Die

Wenn Eltern bei der Essenszubereitung einbezogen werden, können Fachkräfte ihre Vorbildwirkung unaufdringlich nutzen.

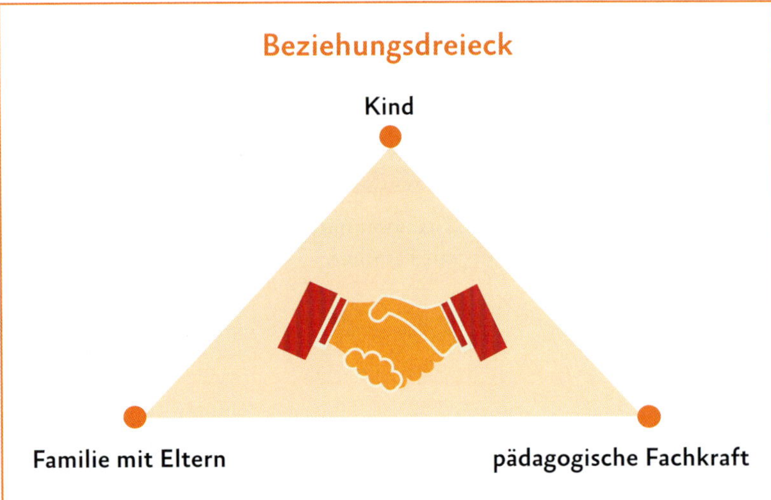

Darstellung des Beziehungsdreiecks als gleichschenkliges Dreieck ist die Idealvorstellung. Alle Partner haben sich regelmäßig im Blick, tauschen sich aus und gestalten einen konfliktfreien Alltag. Dies entspricht nur selten der Realität. Trotzdem kann die bildliche Vorstellung für alle Beteiligten hilfreich sein. Oft genügt es, sich den Eltern mit diesem Bild anzunähern oder den Dialog zu eröffnen. So habe ich oft ein Elterngespräch mit dem Satz eingeleitet: „Im Dreieck zwischen Ihrem Kind, Ihnen und mir wünsche ich mir größtmögliche Ausgewogenheit." Gleichzeitig zeigte ich das Dreieck mit den Händen und spürte selbst, dass mein Handeln wie ein Türöffner funktioniert. Deshalb ist in meinen Augen das „Beziehungsdreieck" kein alter Hut, sondern durch seine empathische und beziehungsfördernde Komponente aktueller denn je.

Ist die Beziehung ausgewogen und Vertrauen zwischen Familie und Fachkraft gewachsen, werden Fragen angesprochen, die auch das private Umfeld des Kindes betreffen. Folgende Fragen wurden mir häufig gestellt: Welche Schule empfehlen Sie uns? Was könnte der richtige Sport für unser Kind sein? Benötigt unser Kind eine Logopädin? Sollten wir uns hier ärztlich beraten lassen? Sind die Fragen von großer Tragweite für das Kind, empfehle ich, zurückhaltend und mit Vorsicht zu antworten. Natürlich können Fachkräfte Erklärungen geben und Empfehlungen aussprechen, die sich auf ihre Erfahrungen beziehen. So habe ich meine Empfehlung immer damit eingeleitet, dass jedes Kind individuell ist und ich nicht weiß, ob es für dieses Kind der passende Weg ist. Wir können den Eltern nicht die Entscheidung abnehmen oder gar eine Diagnose für das Kind stellen. Gerade bei Fragen zu bestimmten Therapien und Hilfemaßnahmen oder medizinischen Eingriffen sollte immer eine professionelle Beratungsstelle oder entsprechende Ärzt:innen hinzugezogen werden. Hier endet unsere Kompetenz als pädagogische Fachkraft.

2. Rechtliche Verankerung der Zusammenarbeit mit Eltern

Die Bedeutung der Einbeziehung der Eltern in den Bildungs- und Erziehungsprozess kann nicht hoch genug eingeschätzt werden. Die Familie steht nach Artikel 6 des Grundgesetzes unter höchstem Schutz. Das schließt natürlich auch die Eltern mit ein. Die Beratung und Unterstützung der Eltern durch die pädagogischen Fachkräfte sind in §1 Abs. 3 Nr. 3 SGB VIII verankert. Weiterhin finden sich konkretisierte Regelungen in den §§22ff SGB VIII. Die Mitarbeit und Entscheidungsbefugnis der Eltern am Erziehungsprozesses zum Wohle der Kinder ist ebenfalls rechtlich verankert – keine Kita darf ohne demokratisch gewählte Elternvertretung betrieben werden. Sie ist neben der individuellen Zusammenarbeit mit den einzelnen Familien eine zentrale Instanz. In regelmäßigen Treffen werden Fragestellungen rund um den Betrieb der Einrichtung gemeinsam diskutiert. Es ist für alle Beteiligten ein Gewinn, wenn die Elternvertreter:innen als „Sprachrohr" für die gesamte Elternschaft fungieren und für den Informationsfluss auf Augenhöhe verantwortlich sind.

3. Hauptaufgaben der Kita entwickeln sich weiter

Wir haben in den vorangegangenen Kapiteln gesehen, dass sich gesellschaftliche Rahmenbedingungen für Familien immer wieder verändern. Die Kindertagesstätte etabliert sich zu einem Angebot, das häufiger und länger genutzt wird und auf die Veränderungen reagiert (vgl. Diller, Schelle 2009). In der Vergangenheit orientierte sich die Gestaltung der pädagogischen Arbeit primär an der Gruppe (vgl. ebd.). Heutzutage steht die individuelle Situation jedes einzelnen Kindes im Fokus. Praxistauglich im herausfordernden Alltag ist es jedoch häufig, einen Mittelweg zu wählen und Aktivitäten im Gruppensetting ebenso zu berücksichtigen wie die individuelle Ansprache des Kindes.

Bisher war die Elternarbeit stark an den Belangen der Kindertagesstätte orientiert. Die klassischen Angebote wie Elternabend, Aufnahmegespräche oder Wahl des Elternbeirates reichen heute bei weitem nicht mehr aus. Es genügt nicht, sich an einer stereotypen „Normalfamilie" und deren Bedürfnissen zu orientieren. Die Mitarbeitenden benötigen eine zugewandte Grundhaltung und großes Interesse gegenüber den vielfältigen Lebensentwürfen von Familien. Für die Familien ist das Selbstverständnis, dass jede Familie mit ihrer Kultur willkommen ist, entlastend. Ob in Trennung lebend, von Armut betroffen oder mit Privilegien und Wohlstand ausgestattet, ob von traumatischen Erlebnissen gezeichnet oder gesund und leistungsstark – jede Familie findet ihren Platz in der Gemeinschaft der Kita. Dieses Selbstverständnis lässt Eltern zu Partner:innen werden. Aus den Belangen der Elternschaft wiederum ergeben sich neue Aufgaben in den Einrichtungen. Die Kita ist für Eltern und Familien gut erreichbar. Sie fungiert niederschwellig als Unterstützungssystem (vgl. Stöbe-Blossey 2009). So erklärt sich die **Weiterentwicklung des klassischen Kindergartens zum Familienzentrum**, das durch neue Kooperationsformen mit anderen Akteuren und Institutionen gekennzeichnet ist (vgl. Heitkötter, Rößler 2006). Durch Vernetzung mit verschiedenen Akteuren im Sozialraum entstehen niederschwellige Angebote, die Familien fördern und unterstützen. Diese Bündnisse tragen unterschiedliche Namen. Am geläufigsten ist das „Kinder- und Familienzentrum (KiFaZ)", das die Weiterentwicklung des Angebotsspektrums der Kindertagesstätte abbildet und passgenau Problemlagen der unterschiedlichen Sozialräume aufgreift.

Im 14. Kinder- und Jugendbericht wurde das Familienzentrum als gelungenes Modell wertgeschätzt (vgl. BMFSJ. 2013). Seitdem befinden sich Kitas auf diesem Weg der Weiterentwicklung. Mit unterschiedlichen inhaltlichen Ausrichtungen und Bezeichnungen wie Familienzentren, Häuser für Familien, Eltern-Kind-Zentren wie Mehrgenerationenhäuser werden diese Kitas durch verschiedene Projekte und Stiftungen gefördert

Medientipps

Auf der Seite Bundesprogramm Sprach-Kitas des Bundesministeriums für Familien, Senioren und Frauen finden Sie unter Zusammenarbeit mit Familien interessante Anregungen wie ein Buch in Bildern, Interviews mit Experten und einen Film für die Arbeit im Team.
https://sprach-kitas.fruehe-chancen.de/themen/zusammenarbeit-mit-familien/bildbuch-kita-alltag/ (abgerufen am 19.08.2022)

Die Kinder und Jugendstiftung baute die Seite „Kitas werden Kinder- und Familienzentren" auf. Dort finden Sie ebenfalls eine Vielzahl an interessanten Praxishilfen.
https://www.kifaz-bw.de/ (abgerufen am 19.08.2022)

In guten Händen – Fachkräfte schaffen eine Umgebung, in der Familien und Kinder sich aufgehoben fühlen.

Methoden gelungener Zusammenarbeit mit Familien

Sowohl die Eltern im Familiensystem als auch die professionell Beteiligten im System Kita suchen nach guten und gelingenden Methoden für ihre Zusammenarbeit. Es gibt Methoden, die schon lange und immer wieder gut funktionieren, bei anderen passt die Aufwand-Nutzen-Abwägung nicht mehr oder sie werden von Eltern nicht angenommen. Ich möchte Ihnen gelingende Methoden vorstellen, die in der Praxis täglich Anwendung finden. Mit kreativen Ideen werden aus „alten Hüten“ neue und gute Formate. Haben Sie Mut, sich von Methoden zu verabschieden, die nicht den gewünschten Erfolg bringen. So entsteht Platz für neue Formate und Ideen ohne zeitliche Überforderung der Beteiligten.

1. Ein gelungener Start

Für die Kinder und ihre Familien beginnt mit der Aufnahme in der Kita ein neuer Lebensabschnitt. Das Kennenlernen der Einrichtung, das Herantasten an das Neue beginnt bereits mit den ersten Kontakten, dem ersten Gespräch, vielleicht einem Blick über den Gartenzaun.

Fast jede Einrichtung verfügt inzwischen über eine Internetseite, die erste Einblicke in die Arbeitsweisen der Kita gibt. Für die Auswahl der Einrichtung und alle darauffolgenden Interaktionen hat der erste Eindruck besondere Bedeutung. Dabei sollte also nichts dem Zufall überlassen werden. Die Internetseite und weitere mediale Auftritte sollten übersichtlich, einladend und inhaltlich und optisch professionell gestaltet werden. Sie sollte aktuell und auf dem neuesten Stand sein, um einen positiven ersten Eindruck zu hinterlassen. Die Internetseite und weitere mediale Auftritte sollten übersichtlich, einladend und inhaltlich und optisch professionell gestaltet werden. Sie sollte aktuell und auf dem neuesten Stand sein, um einen positiven ersten Eindruck zu hinterlassen.

Tag der offenen Tür und Erstgespräch

Vielerorts ist es nicht mehr möglich, dass Eltern sich zwischen mehreren Betreuungsplätzen entscheiden und die Kita auswählen können, die am besten zu ihnen und ihrem Kind passt. Vielmehr müssen sie häufig froh sein, wenn sie überhaupt einen Platz mit für sie passenden Betreuungszeiten finden. Dennoch ist der erste Eindruck, den die Kita auf die Eltern macht, nicht unwichtig, denn hier entscheidet sich, ob die Eltern offen und vertrauensvoll oder eher widerwillig in die neue Lebenssituation mit ihrem Kind gehen.

Aus der Praxis

Familie Da Silva hat auf der Suche nach einem Kita-Platz für ihren 2-jährigen Sohn Oskar bereits eine wahre Odyssee hinter sich. Bei über zehn Kitas ihres Stadtteils haben sie sich vergebens beworben. Herr und Frau Da Silva sind erleichtert, dass sie nun in der Kita Froschteich endlich eine Zusage erhalten haben. Doch sie sind auch enttäuscht, dass sie nun einen weiteren Weg zur Kita zurücklegen müssen, und ärgerlich über den Platzmangel in ihrer Stadt. Evi, die Leiterin der Kita, und Johannes, Oskars neuer Bezugserzieher, nehmen sich im Aufnahmegespräch deshalb viel Zeit, um das pädagogische Konzept der Kita und die Qualität ihrer Arbeit zu verdeutlichen. Am Ende ist die Familie überzeugt, nun doch die für sie „richtige" Kita gefunden zu haben, und kann sich wieder auf den neuen Lebensabschnitt freuen.

Am Tag der offenen Tür können Eltern und Kinder die Räume und Außenanlage besichtigen und so ein Gefühl für die Einrichtung erhalten. Vielen Eltern ist nicht bewusst, dass die Gestaltung der Räume eine große Bedeutung für die Entwicklung ihrer Kinder hat. So erfahren sie an dieser Stelle zum ersten Mal, dass ein Außengelände oder ein Garten gut durchdacht sein sollte, um auf die Bildungsprozesse der Kinder Einfluss zu nehmen. Der Tag der offenen Tür eignet sich gut dazu, solche pädagogischen Themen und Grundsätze in ungezwungener Atmosphäre anzusprechen.

Ein Rundgang durch die Einrichtung kann auch virtuell stattfinden. So kann eine Filmaufnahme Räume und Materialien gut abbilden. Es können pädagogische Grundsätze oder die Konzeption vorgestellt werden. In der Pandemiezeit haben sich viele Einrichtungen mit einem medialen Auftritt beschäftigt. Es entstanden Filme, welche Räume, Konzep-

Offenheit und Vertrauen von Anfang an – so gelingt die Erziehungspartnerschaft.

te und sogar Arbeitsweisen und Handlungsschritte präsentieren. Durchaus kann dieses Filmmaterial nach datenschutzrechtlicher Abklärung auch auf der Internetseite platziert werden. Unterschätzen Sie nicht, dass für heutige Eltern der gekonnte Einsatz von neuen Medien selbstverständlich und eine wichtige Kompetenz ist.

Das Aufnahmegespräch

Spätestens jetzt kommt es zwischen den Fachkräften der Einrichtung und den Erziehungsberechtigten des Kindes zu einem persönlichen Kennenlernen. „Hier beginnt die Beziehungsgestaltung. Überlegen Sie, wie Sie als Kita nach außen wirken wollen" (Evaschitzky, Zöller 2021, S. 63). Es hat sich bewährt, die Vertragsunterzeichnung und die Bearbeitung aller Fragen rund um die rechtlichen Gegebenheiten vorzulagern. Die Kita-Leitung kann so sicherstellen, dass alle Fragen auch zur Sprache kommen und genügend Zeit ist. Sie hat die Verantwortung, welche Informationen an das Team weitergegeben werden. In einer zweiten Begegnung, dem Aufnahmegespräch, erfahren die Eltern, welches Eingewöhnungskonzept es in der Kita gibt und welchen Zeitraum die Eltern dafür einplanen müssen. Wenn beide Elternteile arbeiten, muss diese Zeit auch mit den jeweiligen Arbeitgebern koordiniert werden. Weiterhin geht es auch um praktische Fragen wie: Was braucht mein Kind in der Kita? Was ist ein gesundes Frühstück? Wie gestaltet sich der Tag? Sollte mein Kind einen Mittagsschlaf machen? In großen Einrichtungen empfiehlt es sich, dass die Bezugsfachkraft dieses Gespräch führt. Sie kennt die Details der Eingewöhnung und Besonderheiten ihrer Gruppe am besten und nutzt diese erste Begegnung, um den Grundstein für eine gute Beziehung zum Kind und dessen Familie zu legen. Sie sollte sich mindestens eine Stunde Zeit nehmen, da erfahrungsgemäß viele Fragen gestellt werden. Sie nutzt im Gespräch ihre Kompetenz in respektvoller, wertschätzender und geduldiger Gesprächsführung und schafft eine ruhige und ungestörte Atmosphäre. Ein Elternfragebogen zu den Spielinteressen und Gewohnheiten des Kindes zu Hause eröffnet weitere Einblicke in das Familiensystem und dessen Kultur. Dieses Vorwissen erleichtert die Eingewöhnung für alle Beteiligten.

Die Eingewöhnung

In Bezug auf den aktiven Konstruktionsprozess des Kindes und der beteiligten Erwachsenen greift der Begriff „Eingewöhnung" zu kurz. Besser wäre wohl, von der Gestaltung der Übergangszeit oder des miteinander Vertrautwerdens zu sprechen. Da der Begriff aber gängiger Sprachgebrauch ist und in fast jeder Literatur zu finden ist, sollte er auf dieser Grundlage gedacht werden (vgl. Andres, Laewen 2011).

Mit bewussten Abschiedsritualen gelingt die Trennung nach der Eingewöhnung.

Unterschiede des Berliner und des Münchner Eingewöhnungsmodells

Das Berliner Eingewöhnungsmodell	Das Münchner Eingewöhnungsmodell
Für die Eingewöhnung wird **eine bereits bestehende Bindung** zu den Eltern oder ähnlichen Bindungspersonen (Großeltern oder neue Partner der Eltern) genutzt. Die Bindungsperson begleitet das Kind so lange in der neuen Umgebung, bis es sich **bewusst verabschieden** kann und zu den neuen Bezugspersonen Vertrauen hat. Die Bindung an eine erwachsene Person wird als Voraussetzung dafür gesehen, dass sich das Kind in der Kita-Welt sicher fühlt und exploriert.	Die **Eltern sind von Anfang an dabei**. Für das Ankommen und Wohlfühlen **spielt die Kindergruppe ein große Rolle**. Diese soll dazu beitragen, dass der Übergang positiv erlebt wird. Im Vordergrund steht das „starke Kind", dem zugetraut wird, dass es den Übergang gut bewältigen kann. Es wird **dabei von dem begleitenden Elternteil, der Kindergruppe und den begleitenden Fachkräften** unterstützt.
Gliederung in fünf Schritte	**Phaseneingewöhnung**
1. Information der Eltern über den Ablauf der Eingewöhnung.	**1.** In der Vorbereitungsphase finden **Gespräche mit den Eltern** statt und das Kind absolviert in Begleitung der Eltern eine **„Schnupperwoche"**. So lernt das Kind die gesamte Kita mit allen Kindern und pädagogischen Fachkräften kennen.
2. Dreitägige Grundphase mit zwei- bis dreistündigem Aufenthalt des Kindes mit einem Elternteil als Sicherheit in der Kindergruppe.	**2.** Erster Trennungsversuch frühestens am sechsten Tag, also in der zweiten Woche.
3. Erste Trennungsversuche nach vier bis fünf Tagen von 30 Minuten. **Eltern bleiben noch in der Nähe.** Gelingt dieser Versuch gut, kann die Zeit ausgedehnt werden.	**3.** In dieser Phase verlängern sich die Zeiten der Trennung, wenn sich das Kind bei Trennungsängsten von der Bezugsfachkraft beruhigen lässt. **Während der gesamten Zeit finden Gespräche mit den Eltern** statt, die die Trennung vonseiten der Eltern unterstützen.
4. Stabilisierungsphase von weiteren drei Tagen, in denen die Zeiten ausgedehnt werden.	
5. In der Schlussphase **verabschieden sich die Eltern** von ihrem Kind und halten sich nicht mehr in der Kita auf. Sie sind jedoch über Handy jederzeit erreichbar.	
Sicherheit – Kennenlernen – Vertrauen	**Kennenlernen – Sicherheit – Vertrauen**

Die ersten Tage mit ihren Eindrücken und Erlebnissen werden im Leben des kleinen Menschen wirken und bestimmen nachhaltig die Beziehungen und das Wohlfühlen in der Kita. Das erste Mal ohne die vertrauten Eltern in einer neuen und aufregenden Welt ist eine Herausforderung für das Kind – wie auch für die Eltern. Das Kind wird sich in seiner neuen Umgebung, in einem veränderten Tagesablauf und in einem neuen sozialen Kontext einfinden und es lernt, sich von seinen Eltern zu verabschieden. Die tägliche mehrstündige Trennung ist auch für Eltern herausfordernd.

Aus der Praxis
Von Leos schwieriger Eingewöhnung haben wir bereits gehört. Peter, sein Bezugserzieher, führt mit seinen Eltern ein Gespräch in der häuslichen Umgebung. Dabei erzählt ihm die Mutter, dass sie Leon noch nie in „fremde" Hände gegeben hat. Sie verlässt sich bei der Betreuung lieber auf Menschen ihres Vertrauens wie den Vater und die Großeltern. Wenn sie morgens in die Kita kommt, ist sie aufgewühlt. Sie sieht, wie schwer Leo sich tut, und das verstärkt ihr ungutes Gefühl. Die Trennung schafft sie nur, wenn sie emotionslos und hart zu sich selbst ist und das Zimmer verlässt. Peter kann sich nun besser erklären, warum auch Leo Zeit benötigt.

Ziel des Prozesses der Eingewöhnung ist, dass alle Beteiligten (Kind, Familie und Fachkräfte) miteinander vertraut werden. „Jedem Anfang wohnt ein Zauber inne" (Hesse 2012), und so kommt auch dem Anfang in der Kita eine besondere Bedeutung zu. Deshalb hat eine Vielzahl von Einrichtungen Eingewöhnungskonzepte etabliert. Die beiden bekanntesten sind das Berliner und das Münchner Eingewöhnungsmodell.

Besonders im Münchner Modell wird darauf Wert gelegt, dass Familie und Fachkräfte sich kennenlernen und annähern. Die Fachkräfte informieren sich über die Kultur der Familie und beziehen dieses Wissen gezielt ein. In beiden Modellen „ist es hilfreich, wenn die Eltern verstehen, warum die Eingewöhnung ein komplexer Prozess ist – in seiner Bedeutung für das Kind und für sie selbst" (Roth 2022, S. 185).

2. Gespräche als Grundlage für die Zusammenarbeit

Gespräche bestimmen den Alltag der pädagogischen Fachkräfte. Nicht umsonst ist von einem „Sprechberuf" die Rede. Ein positives Kommunikationsverhalten zeigt sich über unser gesprochenes Wort. Es kann gelernt und trainiert werden (Leupold 1997, S. 20). Ein Gespräch, eine zwischenmenschliche Begegnung, ist jedoch immer einzigartig und kann nie vorhergesagt werden. Trotzdem gibt es Gespräche, die sich ähneln und mit jeder neuen Familie aufs Neue geführt werden. Diese zu durchdenken und zu professionalisieren, gibt Sicherheit im pädagogischen Alltag. Gerade in stressigen Situationen kann darauf zurückgegriffen werden.

Beim Entwicklungsgespräch können auch Fotos und Filmsequenzen gezeigt werden, um die Stärken des Kindes zu verdeutlichen.

Tür- und Angelgespräche
Während des Überganges von zu Hause in die Kita (der Bring- und Abholzeiten der Kinder) ergeben sich Gespräche zwischen den Erwachsenen, die oft am Gartenzaun, im Eingangsbereich oder eben an der Tür zum Gruppenraum stattfinden. Gekennzeichnet sind sie durch den Wunsch nach einer schnellen und aktuellen Informationsübermittlung. Daraus ergibt sich auch schon die Problematik: Da diese Gespräche im ungeschützten Rahmen und häufig unter Zeitdruck stattfinden, sind sie auch besonders fehleranfällig. Deshalb achten Sie darauf, dass es wirklich nur um kurze Informationen geht. Wie war die Nacht? Wer holt das Kind heute ab? So läuft niemand Gefahr, zu persönlich oder angreifbar zu werden. Beim Abholen kann es um die Tagesgestaltung oder auch um persönliche Befindlichkeiten gehen. Die Kunst besteht darin, freundlich zu antworten, sich jedoch nicht in ein ausführliches Elterngespräch verwickeln zu lassen. Es hilft sich Sätze bereitzulegen wie: „Sie stellen mir wirklich eine spannende Frage. Nur fehlt mir im Moment für eine durchdachte Antwort die Zeit. Ich bin jetzt vor allem für die Kinder da. Suchen wir uns einen Termin, an dem wir in Ruhe sprechen können." Das Tür- und Angelgespräch lebt von einem freundlichen Augenblick, einem Lachen miteinander, einer herzlichen Begrüßung. Darin liegt Kraft, die zu einem Gemeinschaftsgefühl führen kann.

Das ressourcenorientierte Entwicklungsgespräch
In Kitas gehört das Entwicklungsgespräch inzwischen zum Standard. Es wird mindestens einmal jährlich rund um den Geburtstag des Kindes geführt und dient dazu, gemeinsam über die Entwicklung des Kindes nachzudenken. Grundlage für jedes Entwicklungsgespräch sollten gezielte und gut dokumentierte Beobachtungen sein, in Schriftform oder auch in digitaler Form, als kurze Filmsequenz. So kann ein guter Einstieg in das Gespräch erfolgen.

Eltern sind Gespräche über den Entwicklungsstand ihres Kindes und Rückmeldungen zum Verhalten in der Gruppe sehr wichtig. Die meisten Eltern zeigen großes Interesse an diesen Gesprächen und sind besonders dankbar, wenn sie ressourcenorientiert geführt werden. Stellen Sie die Stärken des Kindes in den Mittelpunkt und nutzen Sie diese als Motivation, die verschiedenen Entwicklungsaufgaben des Kindes gemeinsam anzugehen.

Kinder bei einem neuen Lebensschritt zu begleiten, kann auch für Eltern herausfordernd sein.

3. Übergänge gemeinsam mit den Eltern gestalten

In der Kita bewältigen die Kinder täglich eine Vielzahl von Übergängen, auch Transitionen genannt. Der wichtigste Übergang von zu Hause in die Kita wurde bereits als „Eingewöhnung" oder „miteinander Vertrautwerden" beschrieben. Bei den kleinen Übergängen wie der Wechsel vom Essen zum Spielen, vom Spielen zum Anziehen oder vom Schlafen in den Gruppenraum helfen die pädagogischen Fachkräfte. Sie führen Rituale ein, die den Kindern diese Übergänge erleichtern. Meine Erfahrung hat gezeigt, dass immer wieder gleiche Lieder, Reime oder akustische Signale für Sicherheit sorgen und die Ritualisierung des Tages unterstützen. Bei den „großen Übergängen" wie von zu Hause in die Kita, von der Kita in die Schule sind auch die Eltern und Fachkräfte involviert. Weil es dadurch mehrere Beteiligte und deren Erwartungen gibt, sind sie auch störanfälliger. Deshalb sollten sie mit den Eltern gemeinsam geplant und durchgeführt werden.

Von der Krippe in die Kita
Wenn Kinder 3 Jahre alt werden, wechseln sie oft innerhalb der Kindertagesstätte in den Bereich der 3- bis 6-jährigen Kinder oder sie verlassen die Krippe ganz, um in eine neue Einrichtung zu gehen. Wenn der Übergang innerhalb der Kita stattfindet, wird er teilweise unterschätzt. Durch tägliche Begegnungen im Haus kennen die Kinder die neue Fachkraft und auch die neue Gruppe schon. Aber ist

das auch für die Eltern der Fall? Gemeinsam mit den Eltern diesen Schritt im Leben des Kindes vorzubereiten, die Eltern gut über die Neuigkeiten zu informieren, auch hier Hospitationstage einzuplanen, lässt diesen Übergang gelingen. Es lohnt sich, für die Kinder zuerst Besuchstage in der neuen Gruppe einzurichten. Wenn die Kinder dann den „Koffer" packen und mit ihren persönlichen Sachen an ihren neuen Garderobenplatz wechseln, sind die Erwachsenen bereits mit dem Neuen vertraut und können dem Kind Hilfe und Unterstützung sein. Hospitationen in der Kindergruppe sind hilfreich, wenn die Eltern viele Fragen haben. Sie geben die Möglichkeit, den Alltag der Kinder zu erleben und besser kennenzulernen. Außerdem erleben die Eltern ihre Kinder in einer anderen Rolle und in unbekannten Situationen. Das Vertrauen in die pädagogischen Fachkräfte wird gestärkt und Ängste der Eltern werden abgebaut.

Von der Kita in die Schule

Noch viel zu selten arbeiten in Deutschland die Lehrer:innen der Grundschule und die pädagogischen Fachkräfte der Kita Hand in Hand. Die Schule unterscheidet sich von der Kita durch den Rhythmus des Tages, weniger freie Tageseinteilung, nur eine Ansprechperson für eine Klasse, Aufgaben und Aufträge, Ferienzeiten und vieles mehr. Aus diesen Unterschieden kann die große Bedeutung dieses Übergangs erklärt werden. Oft genug hören wir jedoch noch den Satz „Jetzt beginnt der Ernst des Lebens" oder „In der Schule geht das aber nicht mehr". Solche Sätze entfalten ihre Wirkung. Denn durch diese Gedanken kann für Kinder der Wechsel in den neuen Lebensabschnitt auch bedrohlich wirken. Neue Anforderungen wie „Binde deine Schuhe selbst", „Den Rucksack solltest du allein zumachen" oder „In die Schule gehst du dann allein" sollten gut dosiert erfolgen. Deshalb ist es sinnvoll, diese Denkstrukturen gemeinsam mit den Eltern zu hinterfragen. Auch Schule ist in den ersten Jahren geprägt von selbstbestimmtem Lernen, von musischen und sportlichen Spielen und in vielen Grundschulen gibt es in den ersten Jahren keine klassischen Leistungsbewertungen mehr. Hier können die pädagogischen Fachkräfte Wegbereiter sein. Sie sind über das Konzept der Schule informiert, mit den Lehrer:innen im Gespräch und haben die Möglichkeit, auch Eltern gut zu begleiten. Die Stärken der Kinder hervorzuheben und sich auch beim Übergang in die Schule daran zu orientieren, erleichtert diese Situation.

Da auch in einigen Grundschulen Lehrer:innen fehlen, fallen häufig Stunden aus. Oft muss zuerst an der Kooperation mit der Kita gespart werden. Die Einschätzung des Entwicklungsstandes der Kinder wird häufig aus Sicht der Fachkräfte der Kita vorgenommen. Diese stellen der Schule ihre Entwicklungsdokumentationen vor und werben dafür, dass diese mit in die Schule genommen werden können. Eine ressourcen- und stärkenorientierte Suche nach Interessen und Themen der Kinder gibt den Lehrer:innen der Grundschule erste Einblicke und beschleunigt im besten Fall den Kennenlernprozess.

Damit der Übergang gelingt, ist die Orientierung an einer „Schule für Kinder" zielführend. Darunter verstehe ich, dass auch in der Schule die Interessen der Kinder im Lernprozess eine Rolle spielen. An den Stärken anzusetzen und Freiheit in der Auswahl der Themenfelder, der Geschwindigkeit und Lernpartner:innen zu gewähren, begünstigt wie auch in der Kita den Aneignungsprozess. Die Beziehungen zu den Erwachsenen spielen in den ersten Schuljahren eine bedeutende Rolle. Deshalb ist das Bezugssystem der Kita auf die Schule übertrag-

Grundschulen sollten Kinder in ihrer Vielfalt und Unterschiedlichkeit willkommen heißen.

bar. Jedes Kind braucht vor allem zu Anfang eine feste Bezugsperson, die Lernbegleiter:in, Tröster:in und Freund:in in einer Person ist. Durch bewusste Gestaltung der ersten Begegnungen kann dies unterstützt werden. Im Dialog mit den Fachkräften der Schule können gute Rituale und Standards etabliert werden, die die Kinder mit ihren Eltern beim Ankommen im System Schule unterstützen. Bewährt haben sich zum Beispiel Elternnachmittage in der Schule, Besuche der ersten Klasse oder Familienklasse, gemeinsame Feste und Hospitationstage für Eltern mit ihrem Kind.

4. Kooperation durch Information – Transparenz als Grundlage für Vertrauen

Allen Eltern ist es wichtig, dass es ihren Kindern in der Kita gut geht. Der regelmäßige Austausch über die Entwicklungsschritte und die Lernprozesse hat deshalb so große Bedeutung für die Eltern. Sie schätzen es, wenn die Kita transparent über Bildungsangebote und Projekte berichtet.

Es ist in Kindertagesstätten inzwischen Standard, Bildungs- und Entwicklungsdokumentationen zu führen und somit Entwicklungsschritte festzuhalten. Dies geschieht in der Regel in Portfolios, die von einer engen Bezugsfachkraft geführt werden. Für Eltern kann das auch irritierend sein, da sie Dokumentationen aus ihrer eigenen Kindergartenzeit nicht kennen. Vielleicht verknüpfen sie das Portfolio mit Leistungseinschätzungen oder einer Bewertung. Deshalb ist es wichtig, möglichst zeitig über den Sinn der Dokumentationen aufzuklären. Erklären Sie, dass strukturierte Beobachtungen ein Handwerkszeug für Sie als pädagogische Fachkraft sind und als Hilfsmittel zur Einschätzung des Entwicklungsstandes dienen. Das Portfolio wird auch von den Kindern gern angeschaut und dient als Erzählanlass. Sie sprechen über ihre Ideen und darüber, was sie am liebsten spielen. Da die Dokumentationen und die ihr zugrunde liegenden Instrumente an den Stärken des Kindes ausgerichtet werden, beeinflussen sie die Entwicklung im positiven Sinne. Beim Anschauen freuen sich Kinder, Eltern und Fachkräfte gleichermaßen über die Alltagserlebnisse und Lernschritte des Kindes. Eltern bekommen Einblicke, die sie sonst nicht hätten, und gemeinsam können Kinder in ihren Interessen und Lernwelten unterstützt werden. Nicht zuletzt spüren die Kinder das Interesse und fühlen sich im Selbstwert gestärkt. Die Portfolios der Kinder sind Arbeitsmaterialien der Einrichtung und können gleichzeitig eine gelungene Erinnerung für die Kinder sein. Sie schaffen wunderbare Sprachanlässe und werden gern gemeinsam angeschaut. Am letzten Tag in der Kindertagesstätte nehmen die Eltern das Portfolio mit nach Hause. Ich motiviere die Eltern, das Portfolio an die Lehrerin der Schule weiterzugeben. So erhält auch sie Einblicke in die Interessenswelt des Kindes und beschäftigt sich bereits von Beginn an mit den Themen des Kindes. Steht die Erziehungspartnerschaft auf festen Beinen, haben Eltern hier weniger Ängste und Vorurteile.

Hospitationen der Eltern

Die Erfahrungen der Eltern bei einer Hospitation sind intensiv. Bringen Eltern viele Fragen mit oder haben sie Zweifel daran, ob sich ihr Kind gut in die Kita-Gruppe einfügt, lassen sich diese Unsicherheiten oft einfach durch einen Hospitationstag klären. Laden Sie deshalb die Eltern oder ein Elternteil in die Kita ein. Kinder verhalten sich im familiären Umfeld oft anders als in der Einrichtung, sodass Eltern manchmal überrascht werden und ein anderes Verständnis für ihr Kind und Sie als Fachkraft gewinnen.

Aus der Praxis

Die 3-jährige Nina besucht seit einem halben Jahr die Kita Wiesengrün. Wenn ihre Mutter, Frau Moreno, kommt, um sie abzuholen, kommt es häufig zu Streit. Nina möchte sich nicht anziehen, wirft ihre Sachen durch den Flur und schreit laut. Frau Moreno wendet sich an Corinna, Ninas Erzieherin, und bittet um Unterstützung. Sie berichtet, dass es zu Hause momentan sehr anstrengend ist. Nina hört nicht auf ihre Mutter und schreit, wenn ihr Wille nicht sofort Gehör findet. Oft enden diese Meinungsverschiedenheiten in einem lautstarken Streit. Ninas Mutter fühlt sich hilflos und traurig. Sie fragt Corinna, wie sie mit diesen Situationen in der Kita umgeht, und wünscht sich Unterstützung bei der Abholsituation. Corinna berichtet ihr: „Nina ist ein ruhiges Mädchen, freundlich zu anderen und spielt ruhig und konzentriert. Sie hört sehr genau hin, wenn ich mit den Kindern spreche. An die Regeln in der Kindergruppe hält sie sich genau und hilft mit, dass sich alle Kinder an die Regeln halten." Die Fachkraft erklärt Ninas Mutter, dass sie sie leider nur begrenzt in der Bring- und Abholsituation unter-

Selbstreflexion zum Hausbesuch

- Was sind die Vorteile des Hausbesuchs gegenüber einem Treffen in der Kita? Warum wähle ich den Hausbesuch für diese Familie aus?
- Wie und wann plane ich diesen Hausbesuch ein und wie ist dies im Team kommuniziert?
- Auf welche Familienkultur könnte ich treffen? Was gilt es in diesem Zusammenhang zu beachten? Welche Bedenken habe ich dabei?
- Bin ich sicher in der Gesprächsführung? Habe ich das Gespräch gut vorbereitet? An welchen Stellen in der Vorbereitung wünsche ich mir Unterstützung?

stützen kann, weil sie mit den Kindern in der Gruppe beschäftigt ist. Ninas Mutter ist erstaunt, aber auch etwas unzufrieden. Ihre Nina ist scheinbar ein völlig anderes Kind in der Kita. Kann das wirklich stimmen, was Corinna da sagt? Für sie wäre es viel einfacher, wenn die Erzieherin eingreift und ihr das Kind abnimmt.

Nina verhält sich in der Kita und ihrem Zuhause komplett unterschiedlich, was zu Differenzen zwischen ihrer Mutter und der Erzieherin führt. Viele Kinder zeigen in der nicht-häuslichen Umgebung ein „angepasstes" Verhalten. Die Ursachen dafür sind individuell unterschiedlich. Häufig liegt der Grund darin, dass sie zu Hause in ihrer gewohnten Umgebung besser loslassen können. Manchmal sind auch unterschiedliche Erziehungsstile der Erwachsenen dafür verantwortlich.

In der konkreten Situation ist es ratsam, dass sich Ninas Mutter zunächst ein Bild von ihrer Tochter in der Kita machen kann. Corinna lädt sie in die Kita zur Hospitation ein. Im nächsten Schritt werden beide den Besuch auswerten und überlegen, wie sie die Übergangssituationen für Nina konfliktfreier gestalten können. Die bereits geschaffene tragfähige Zusammenarbeit ist eine gute Voraussetzung dafür.

Da die Hospitation Ressourcen bindet und für die Kinder eine ungewohnte Situation ist, sollte sie die Ausnahme und immer gut begründet sein. Planen Sie ein, dass die Kindergruppe doppelt besetzt ist, damit die Besucher:innen gut begleitet und der Besuch im Nachgang reflektiert werden kann. Deshalb sollte die Hospitation immer eine geplante und im Team abgesprochene Situation sein, die dabei hilft, gezielte Fragestellungen zu klären.

Hausbesuche zur Stärkung der erzieherischen Kompetenz

Hausbesuche sind eine sensible Angelegenheit, da sie das Nähe-Distanz-Verhältnis aller Beteiligten berühren. Sie nehmen Zeit in Anspruch, können aber für die pädagogischen Fachkräfte wichtige Hintergrundinformationen zum häuslichen Umfeld liefern. Doch einige Eltern haben auch Vorbehalte und befürchten möglicherweise, in ihrem Zuhause beurteilt und beobachtet zu werden. Fachkräfte sollten deshalb sehr vorsichtig vorgehen. Hausbesuche basieren auf absoluter Freiwilligkeit und „sollten bedacht und achtsam geplant werden" (Evanschitzky, Zöller 2021, S. 68). Die Fachkraft kann ihre Bereitschaft signalisieren, allein oder auch mit der Kindergruppe den Wohnort zu besuchen, doch die Entscheidung liegt bei den Eltern. Diese werden bei vertrauensvoller Zusammenarbeit ehrlich ihre Gründe dafür oder dagegen vorbringen.

Wie lebt und wohnt das Kind? Hausbesuche ermöglichen ein besseres Verständnis für Familien.

kindergarten heute - Das Fachmagazin

- Ist das marktführende Fachmagazin für Frühpädagogik
- Fundiertes Fachwissen und Methoden zu aktuellen Themen
- Sicherung und Weiterentwicklung der pädagogischen Qualität in Ihrer Einrichtung
- Anschauliche und authentische Praxisbeiträge aus dem Kita-Alltag

◯ **Ja,** ich möchte Das Fachmagazin regelmäßig lesen. Ich erhalte 10 Ausgaben inkl. Digitalzugang im Jahr zum Preis von 72,00 € zzgl. 13,00 € Porto. (KGNPSP21)

◯ Studierende erhalten den Vorzugspreis von 52,50 € zzgl. 13,00 € Porto. (KGVPSP21)

Kein Risiko! Das Abonnement ist jederzeit kündbar. Das Geld für nicht gelieferte Ausgaben wird Ihnen zurückerstattet.

Preise gültig bis 31.12.2023. Irrtum und Änderungen vorbehalten.

kindergarten heute - Das Leitungsheft

- **Wissen.** Fachwissen und Arbeitsmethoden für alle Leitungsaufgaben
- **Führen.** Stärkung Ihrer Position und Profilierung des Teams
- **Kooperieren.** Unterstützt Sie bei Prozessen und in Zusammenarbeit mit Eltern und Trägern

◯ **Ja,** ich möchte Das Leitungsheft regelmäßig lesen. Ich erhalte 4 Ausgaben inkl. Digitalzugang im Jahr zum Preis von 49,50 € zzgl. 5,20 € Porto. (KLNPSP21)

◯ **Ja,** ich bin AbonnentIn von Das Fachmagazin und möchte Das Leitungsheft zum Vorzugspreis von 39,90 € zzgl. 5,20 € Porto für 4 Ausgaben inkl. Digitalzugang abonnieren. (KLVPSP21)

Kein Risiko! Das Abonnement ist jederzeit kündbar. Das Geld für nicht gelieferte Ausgaben wird Ihnen zurückerstattet.

Preise gültig bis 31.12.2023. Irrtum und Änderungen vorbehalten.

kindergarten heute - Wenn Eltern Rat suchen

- Wissen für die professionelle Elternberatung
- Erziehungsfragen – auf 8 Seiten kompetent beantwortet
- Ratschläge und Impulse im praktischen Format
- Schritt für Schritt - gemeinsam Lösungen finden

◯ **Ja,** ich möchte Wenn Eltern Rat suchen regelmäßig lesen. Ich erhalte 4 Ausgaben im Jahr zum Preis von 22,60 € zzgl. 4,00 € Porto. (KWNPSP)

◯ **Ja,** ich bin AbonnentIn von Das Fachmagazin oder Das Leitungsheft und möchte Wenn Eltern Rat suchen zum Vorzugspreis von 20,70 € zzgl. 4,00 € Porto abonnieren. (KWVPSP)

Kein Risiko! Das Abonnement ist jederzeit kündbar. Das Geld für nicht gelieferte Ausgaben wird Ihnen zurückerstattet.

Preise gültig bis 31.12.2023. Irrtum und Änderungen vorbehalten.

Absender:

Vor- und Zuname

Straße

PLZ/Ort

(Auszubildende: Ausbildung endet ca. 20___)

❒ Ich wünsche einen Bankeinzug

Konto-Nr. Bankleitzahl

Bankinstitut

❒ Ich überweise nach Erhalt der Rechnung

Datum X Unterschrift

Bitte mit € 0,70 frankieren, falls Marke zur Hand.

Deutsche Post
ANTWORT

Verlag Herder
KundenServiceCenter

79080 Freiburg

Absender:

Vor- und Zuname

Straße

PLZ/Ort

(Auszubildende: Ausbildung endet ca. 20___)

❒ Ich wünsche einen Bankeinzug

Konto-Nr. Bankleitzahl

Bankinstitut

❒ Ich überweise nach Erhalt der Rechnung

Datum X Unterschrift

Bitte mit € 0,70 frankieren, falls Marke zur Hand.

Deutsche Post
ANTWORT

Verlag Herder
KundenServiceCenter

79080 Freiburg

Absender:

Vor- und Zuname

Straße

PLZ/Ort

(Auszubildende: Ausbildung endet ca. 20___)

❒ Ich wünsche einen Bankeinzug

Konto-Nr. Bankleitzahl

Bankinstitut

❒ Ich überweise nach Erhalt der Rechnung

Datum X Unterschrift

Bitte mit € 0,70 frankieren, falls Marke zur Hand.

Deutsche Post
ANTWORT

Verlag Herder
KundenServiceCenter

79080 Freiburg

kindergarten heute - wissen kompakt

– Themenheft zu fachwissenschaftlichen Inhalten

Ja, senden Sie mir bitte zum Preis von jeweils
17,00 € (D) (zzgl. Porto)

____ Ex. Sozial-emotionale Kompetenz von Kindern (P00 8714)
____ Ex. Traumapädagogik (P00 3293)
____ Ex. Schlüsselkompetenzen (P00 3384)
____ Ex. Hochbegabung (P00 3277)
____ Ex. Kinderängste (P00 7922)
____ Ex. Wie Kinder Denken (P00 7971)
____ Ex. Vom Säugling zum Schulkind (P00 7724)
____ Ex. Offene Arbeit in der Kita (P00 6973)
____ Ex. Pädagogische Handlungskonzepte (4001798)
____ Ex. Wahrnehmungsstörungen (P00 1800)
____ Ex. Interaktions- und Beziehungsgestaltung (4001772)
____ Ex. Auffälliges Verhalten (400 1749)
____ Ex. Vielfalt und Inklusion (400 1673)
____ Ex. Das Spiel des Kindes (400 1665)
____ Ex. Kindeswohlgefährdung (400 1533)
____ Ex. Sprachentw. u. -förderung (400 1384)
____ Ex. Feinfühligkeit im Umgang mit Kindern (400 1095)
____ Ex. Kinder unter 3 (400 1061)
____ Ex. Beobachten und dokumentieren (400 0923)

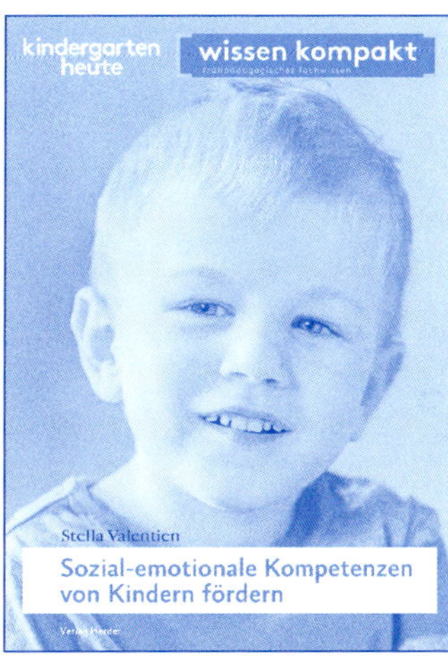

Ab 5 Exemplaren einer Ausgabe gelten unsere günstigen Mengenpreise.
Rufen Sie uns einfach an: 0761 / 2717 474.

Preise gültig bis 31.12.2023. Irrtum und Änderungen vorbehalten.

kindergarten heute - praxis kompakt

– Themenheft für den pädagogischen Alltag

Ja, senden Sie mir bitte zum Preis von jeweils
15,00 € (D) (zzgl. Porto)

____ Ex. Geschlechterbewusste Pädagogik (P00 8821)
____ Ex. Portfolioarbeit mit Kindern (P00 8730)
____ Ex. Rechtssicher handeln im Kita Alltag (P00 3483)
____ Ex. Kreativ im Kinder-Atelier (P00 8557)
____ Ex. PraktikantInnen anleiten (P00 7989)
____ Ex. Medienwerkstatt (P00 7948)
____ Ex. Eine Kita für alle (P00 7914)
____ Ex. Naturwissenschaften (P00 7898)
____ Ex. Mein Start in der Kita (P00 7757)
____ Ex. Wir kennen unsere Rechte! (P00 6999)
____ Ex. Schwierige Entwicklungsschritte (P00 6908)
____ Ex. Kinder bis drei J. in Krippe u. Kita (P00 6965)
____ Ex. Essen bildet! (P00 6957)
____ Ex. Partizipation in Kita und Krippe (400 6581)
____ Ex. Raumgestaltung in der Kita (400 6516)
____ Ex. Schulkindbetreuung in der Kita (400 5344)
____ Ex. Nachhaltige Entwicklung (400 4891)
____ Ex. Beschwerdeverfahren f. Kinder (400 5328)

Ab 5 Exemplaren einer Ausgabe gelten unsere günstigen Mengenpreise.
Rufen Sie uns einfach an: 0761 / 2717 474.

Preise gültig bis 31.12.2023. Irrtum und Änderungen vorbehalten.

kindergarten heute - leiten kompakt

– Themenheft zu Methoden und Organisation

Ja, senden Sie mir bitte zum Preis von jeweils
15,00 € (D) (zzgl. Porto)

____ Ex. Souverän mit Konflikten umgehen (P00 8573)
____ Ex. Beurteilungen & Zeugnisse (P00 8573)
____ Ex. Konzeption weiterentwickeln (P00 7856)
____ Ex. Mit Freude & Erfolg eine Kita leiten (P00 7740)
____ Ex. Rund ums Geld in der Kita (P00 7716)
____ Ex. Teamentwicklung (P00 6981)
____ Ex. Gesprächsführung (P00 3202)
____ Ex. Teamsitzungen vorbereiten (400 2986)
____ Ex. Sozialrecht für Kindertageseinrichtungen (400 2960)
____ Ex. Moderation/Teamarbeit (400 2879)

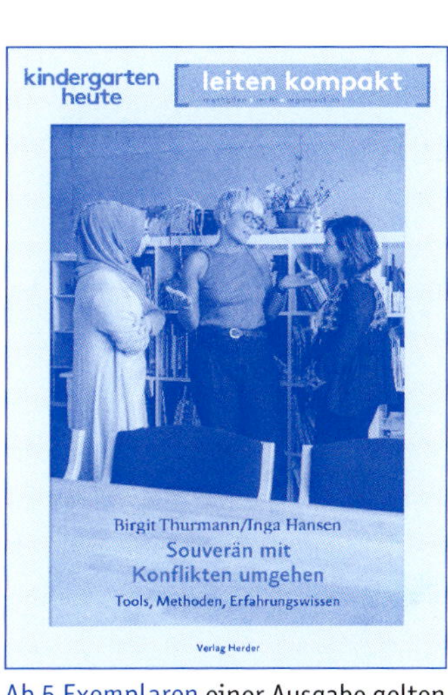

Ab 5 Exemplaren einer Ausgabe gelten unsere günstigen Mengenpreise.
Rufen Sie uns einfach an: 0761 / 2717 474.

Preise gültig bis 31.12.2023. Irrtum und Änderungen vorbehalten.

Meine Adresse:

Vor- und Zuname

Straße

PLZ/Ort

Telefon E-Mail

Datum Unterschrift KG-MBH2201

Infos unter: www.herder.de/kiga-heute/sonderhefte

Bitte mit € 0,70 frankieren, falls Marke zur Hand.

Deutsche Post

ANTWORT

Verlag Herder
KundenServiceCenter

79080 Freiburg

Meine Adresse:

Vor- und Zuname

Straße

PLZ/Ort

Telefon E-Mail

Datum Unterschrift KG-MBH2201

Infos unter: www.herder.de/kiga-heute/sonderhefte

Bitte mit € 0,70 frankieren, falls Marke zur Hand.

Deutsche Post

ANTWORT

Verlag Herder
KundenServiceCenter

79080 Freiburg

Meine Adresse:

Vor- und Zuname

Straße

PLZ/Ort

Telefon E-Mail

Datum Unterschrift KG-MBH2201

Infos unter: www.herder.de/kiga-heute/sonderhefte

Bitte mit € 0,70 frankieren, falls Marke zur Hand.

Deutsche Post

ANTWORT

Verlag Herder
KundenServiceCenter

79080 Freiburg

5. Mit der gewählten Elternvertretung die Erwartungen abgleichen

Die rechtlichen Grundlagen der Partizipation mit Eltern wurden bereits im Kapitel II dargestellt. Eine rechtliche Verpflichtung zur Partizipation heißt jedoch noch nicht, dass sie auch gelebt wird. Oft gelingt es nicht, die Interessen der Elternschaft einzubinden, und in manchen Fällen wird Partizipation für das Team und die Leitung zur Belastungsprobe. Wann kann von echter Partizipation gesprochen werden?

Aus der Praxis

Katia, die Leiterin der Kita Wiesengrün, freut sich. Am heutigen Elternabend konnte eine neue, motivierte Elternvertretung gewählt werden. Dass dies gelingt, ist aus ihrer Erfahrung nicht selbstverständlich. Für das erste gemeinsame Treffen ist es ihr deshalb besonders wichtig, die Eltern gut zu beteiligen. Doch es gibt direkt einen kritischen Punkt, den sie ansprechen muss: Der Träger möchte das Essensangebot auf rein vegetarisches Essen umstellen. Diese Entscheidung des Trägers ist bereits gefallen und nicht mehr verhandelbar.

Wie kann es dennoch gelingen, die Eltern einzubeziehen, ohne für Unmut zu sorgen? Katia führt die Gründe für die Entscheidung des Trägers detailliert aus und zeigt die positiven Seiten für die Kinder auf. Gleichzeitig kommuniziert sie von Anfang an transparent, dass hier keine Mitbestimmung seitens der Eltern mehr möglich ist. Doch Katia weiß bereits, dass es eine neue Ausschreibung für die Caterer gibt. Sie bietet den Eltern an, dass sie sich an der Vorauswahl und an den Gesprächen mit den Anbietern beteiligen können. Durch dieses Vorgehen und ihre klare Kommunikation schafft sie eine gute Vertrauensbasis.

Nur dort, wo wirklich Alternativen möglich sind, können Eltern gefragt werden. Wichtig ist, dass den Eltern transparent gemacht wird, was verhandelbar und an welchen Punkten keine Entscheidungsfreiheit möglich ist. Dies ist zum Beispiel immer dann der Fall, wenn gesetzliche Bestimmungen greifen und auch die Mitarbeitenden der Kita Vorschriften und Reglungen unterliegen.

Regelmäßige Treffen mit der Elternvertretung sind ein unverzichtbarer Bestandteil der Zusammenarbeit.

Über die Elternvertretung können auch Bedarfe und Wünsche der Elternschaft abgefragt werden. So können Befindlichkeiten schnell offengelegt werden und es gehen keine großen Zeitkontingente verloren. Es gibt Träger, die regelmäßig auch Elternbefragungen in Form von Fragebögen zur Zufriedenheit mit der Einrichtung durchführen. Dies ist ein legitimes Mittel, um beispielsweise die Qualität der pädagogischen Arbeit zu untersuchen. Auch mit Interviews oder Online-Evaluationen bekommt die Einrichtung ein übersichtliches Bild und kann entsprechende Rückmeldungen geben. Unterschätzen Sie jedoch den Aufwand nicht. Zu empfehlen sind deshalb digitale Abfragen, da diese schnelle und transparente Antworten generieren. Gleichzeitig sollten Sie den Eltern deutlich machen, dass sich die konzeptionelle Arbeit nur in langen Zeiträumen verändern lässt. Mit einer Befragung sollten aufseiten der Eltern nie falsche Erwartungen geweckt werden.

Literaturtipp

Ein gelungener Praxisbericht zum Einsatz digitaler Technik
Brandt, Neetje; Wohlrab, Manuel (2022): Mit Emojis durch den Elternabend. Kindergarten heute. 8_2022. S. 30–32.

Eine Mischung aus bewährten und neuen Methoden erleichtert die Zusammenarbeit mit Eltern.

Neue Wege entstehen, indem wir sie gehen

Wenn beide Eltern berufstätig sind, bleibt häufig wenig Zeit für die Mitarbeit in der Kita. Und auch in den Einrichtungen haben sich in den letzten Jahren die Aufgabenbereiche erweitert. So ergibt es Sinn, klassische Methoden der Zusammenarbeit wie Elternabende, Mitmachnachmittage oder Eltern-Cafés neu zu bewerten und unter Aufwand-Nutzen-Aspekten zu beurteilen. Wenn Eltern dabei einbezogen werden und die Frage „Was können wir leisten?" ehrlich thematisiert wird, sind letztendlich alle mit Freude dabei und die Beteiligung der Eltern ist höher. Im Folgenden werden Fragestellungen angesprochen, die bei der Abwägung eine Rolle spielen und Beachtung finden sollen.

1. Elternangebote neu denken

Bei der Bewertung eines Elternangebots sollten verschiedene Aspekte mitgedacht werden. An erster Stelle steht, ob es sich um freiwillige Aktionen handelt oder Eltern bereits per Kita-Satzung zur Mitarbeit verpflichtet wurden, um die wirtschaftliche Lage der Kita zu unterstützen. In Satzungen von Elterninitiativen, Vereinen oder Gruppen ist oft vereinbart, dass Eltern eine bestimmte Anzahl von Stunden ableisten müssen. Das Kochen, die Reinigung der Kita oder Gartenarbeiten sind klassische Aufgabenfelder, bei denen Eltern aushelfen.

Diese Arbeitskreise funktionieren in der Regel, weil sie verpflichtend sind und den Betrieb der Einrichtung sichern. Wenn Eltern also sowieso schon am Betrieb der Kita beteiligt sind, sollten die gemeinsamen Aktivitäten für alle Beteiligten einen echten Mehrwert bringen. Der Vorteil ist, dass diese Elternschaft ohnehin häufig in der Kita anzutreffen ist und dadurch immer neue Gelegenheiten zum gemeinsamen Planen, Absprechen und Vorbereiten gegeben sind. Eltern, die nur kleine Zeitanteile investieren können, wählen diese Kitas mit vertraglich festgelegten Aufgaben nicht aus, obwohl das Konzept für ihr Kind möglicherweise durchaus passend wäre.

Elternangebote sollen grundsätzlich an den Bedarfen der Eltern ausgerichtet sein. Ihre Interessen unterscheiden sich in Abhängigkeit von der Lebenssituation und auch von individuellen Bedürfnissen. In einer Studierenden-Kita, einer Kita im Brennpunktstadtteil, einer Kita auf dem Land oder der Elternschaft der privaten „Kinderuniversität" treffen wir Eltern mit unterschiedlichsten Interessen an. So wie die Segregation in den Stadtteilen die Wohnorte von Familien bestimmt, bildet sich diese in der stadtteilnahen Kita ab. Es bietet sich deshalb für die Fachkräfte an, zunächst den Wohnraum zu analysieren. Dadurch eröffnen sie sich den Lebensraum der Familie und fragen sich, welche Angebote tatsächlich genutzt und wahrgenommen werden. Dabei kann eine Rolle spielen, welche Institutionen sich im Wohnraum befinden, welche Firmen, Betriebe oder Verkehrswege es gibt und wo die erweiterten Familien der Kinder (zum Beispiel die Großeltern) wohnen. Im Rückschluss wird ersichtlich, was am Wohnort fehlt. So hat beispielsweise eine ländliche Kindertagesstätte eher Bedarf an kulturellen Veranstaltungen und die Eltern freuen sich, wenn eine Theatervorstellung oder ein Musical in der Kita stattfindet. Im städtischen Wohnraum sind vielleicht Ausflüge in die Natur die erste Wahl.

Nachdem die Bedarfe der Familien eingegrenzt wurden, kommen wir noch einmal auf das Verhältnis von Nutzen und Aufwand zurück. Oft hat die Kita über Jahre hinweg eine Kultur entwickelt. Bestimmte Feste und Feiern, Beteiligung am Dorf- oder Stadtleben sind fester Bestandteil. Doch nur weil es über Jahre hinweg ein „traditionelles" Angebot gab, muss dieses nicht mehr aktuell sein.

Aus der Praxis

Wie jedes Jahr organisiert die Leiterin der Kita am Hang, Amira, einen Themenelternabend. Um 19 Uhr wird eine externe Referentin den Eltern das Thema „gesunde Ernährung" näherbringen. Doch am entsprechenden Abend ist die Frustration groß: Von hundert eingeladenen Familien sind nur fünf erschienen. Im Nachgang geht die Leiterin Amira mit den Eltern ins Gespräch und fragt nach den Gründen für das scheinbar mangelnde Interesse. Dabei erfährt sie, dass für viele Eltern der Zeitpunkt und die Form des Angebots ein entscheidender Faktor ist.

Wie sieht das Wohnumfeld unserer Familien aus? Je nach Sozialraum werden die Angebote der Kita angepasst.

Das klassische Präsenzangebot nach Feierabend kann für berufstätige Eltern herausfordernd sein. Meine Erfahrung zeigt, dass ein Online-Angebot, das zeitlich flexibel nutzbar ist, eine gute Alternative für reine Vermittlungsthemen ist. Am Abend haben gerade Alleinerziehende oft Schwierigkeiten mit der Kinderbetreuung. Deshalb haben sich Präsenzformate bewährt, die am Nachmittag stattfinden und bei denen die Kinder mitgebracht werden können. Sie werden im Garten betreut und parallel findet das Treffen der Eltern statt.

2. Ist das Eltern-Café ein alter Hut?

Das Eltern-Café ist ein regelmäßig stattfindender Nachmittag, an dem alle Eltern der Einrichtung herzlich willkommen sind. Hier ist es möglich, gemeinsam einen Kaffee zu trinken, sich zu unterhalten und auszutauschen. Es ist ein niederschwelliges Angebot, das allen Familien offensteht. Besonders in Familienzentren ist dieses Angebot häufig anzutreffen. Es kann in den Vormittagsstunden gleichermaßen wie am Nachmittag stattfinden. Die Betreuung der Kinder sollte in dieser Zeit immer gewährleistet sein.

In meiner Praxis habe ich festgestellt, dass trotz guter Ideen, teurer Kaffeemaschinen und dem Aufwand erheblicher Zeitressourcen der Fachkräfte das Format nicht mehr unbedingt angenommen wird. Woran kann das liegen und wann ist das Format über-

haupt ein Erfolg? Stellen Sie sich zuerst die Frage nach dem Ziel. Wenn es Ihnen darum geht, Eltern niederschwellig in die Kita einzuladen und Berührungsmöglichkeiten zu schaffen, ist die Teilnahme von zwei bis drei Eltern bereits ein Erfolg. Für dieses Ziel ist das Eltern-Café nach wie vor ein gutes Format. Am einfachsten ist es, wenn im Eingangsbereich der Kita Sitzgelegenheiten stehen, die keine weiteren Personalressourcen binden. Die Eltern haben jederzeit die Möglichkeit, sich gemeinsam dort hinzusetzen oder sich zu verabreden. Wollen Sie während des Eltern-Cafés ein Thema vermitteln, sollte die Initiative nicht nur von den Fachkräften, sondern auch von den Eltern selbst kommen. Hat eine Vielzahl der Familien ähnliche Fragestellungen geäußert, lohnt sich der Aufwand.
Meine Erfahrung zeigt, dass Themen wie Medienkonsum, Impfschutz bei Kindern, Erste Hilfe und entwicklungspsychologische Fragen auf großes Interesse stoßen. Holen Sie sich zu diesen Themen Unterstützung durch Expert:innen, die sich auskennen und die Fragen der Eltern wissenschaftlich fundiert beantworten. So bleibt das Eltern-Café ein Format, das die Erziehungspartnerschaft unterstützt und für Vernetzung sorgt.

3. Eltern bringen ihre Ressourcen ein

Aus der Praxis

In der Kita Wiesengrün helfen die Eltern, im Frühjahr den Garten zu bepflanzen, um diesen bereit für die Sommersaison zu machen. Der Garten hat drei Hochbeete. In den letzten Jahren sind die Setzlinge immer wieder eingegangen. Im Vorfeld der Gartenaktion beraten die Eltern, welche Pflanzen in diesem Jahr gekauft werden sollen. Aus der Elternschaft kommt die Idee, eine Mutter zu fragen, die in der nahegelegen Gärtnerei arbeitet. Frau Buntschuh freut sich, dass sie angesprochen wird, und schlägt selbst vor, während der Gartenaktion über Schädlinge in Hochbeeten zu informieren. Die beteiligten Eltern sind interessiert und bereits da – sie mussten nicht speziell eingeladen werden. Der Vortrag ist kurzweilig, praxisnah und anschaulich. Auch Frau Buntschuh hatte wenig Aufwand damit. Ihre Vorschläge zur Bepflanzung werden gerne umgesetzt. Für die Eltern wie auch für die Fachkräfte war die Aktion ein Gewinn.

Bei Gartenaktionen und anderen Angeboten können Eltern ihre Expertise einbringen.

Es kann spannend sein, die unterschiedlichen Stärken der Elternschaft zu aktivieren und auf sie zurückzugreifen. Dazu benötigt die Kita zunächst das Wissen darüber, welche Ressourcen der Eltern vorhanden sind. Am einfachsten ist es, ein Plakat zu gestalten und dieses auszuhängen. Seien Sie nicht enttäuscht, wenn sich nicht alle Eltern eintragen. Das persönliche Gespräch, in dem Sie Neugier zeigen, ist auch hier der Türöffner. Ich weise gern darauf hin, dass das eigene Kind profitiert, wenn es sieht, wie die eigenen Eltern hilfsbereit ihre Fähigkeiten einbringen. Kinder macht das stolz und es stärkt ihren Selbstwert. Achten Sie darauf, dass alle Eltern Ressourcen haben und dass diese sehr unterschiedlich sein können, wie beispielsweise berufliche Erfahrungen, Sprachkenntnisse, künstlerische Neigungen oder auch handwerkliches Können. Durch Tauschbörsen, die Eltern untereinander nutzen, werden die Ressourcen der Eltern ebenfalls sichtbar. Suchen Sie nach einer Methode, die zu Ihrer Einrichtung passt.

4. Fremdsprachige Eltern einbeziehen

Ein großer Teil der heutigen Kinder wächst mit mehr als einer Sprache auf. In ihren Familien werden mehrere Sprachen gesprochen oder sie lernen Deutsch in der Kita und sprechen zu Hause in ihrer Muttersprache. Unter dem Aspekt der veränderten Gesellschaft und ihrer Flexibilisierung ist Mehrsprachigkeit ein echter Gewinn. Doch die Zusammenarbeit mit Eltern, die die deutsche Sprache erst lernen, kann herausfordernd sein. Familien mit

Migrationsgeschichte lernen motivierter die neue Sprache, wenn sie eingebunden und angenommen werden. Gern bringen sie sich ein und geben der Kindertagesstätte ihren Einsatz zurück. Es lohnt sich zu überlegen, an welchen Stellen die mehrsprachige Kompetenz gewinnbringend ist. Kinder lieben es beispielsweise, wenn in verschiedenen Sprachen vorgelesen wird. Richten Sie Lesezeiten ein, die von Eltern in ihren Muttersprachen gestaltet werden. Statten Sie die Bibliothek der Kita mit Büchern in vielen Sprachen aus und suchen Sie diese nach den Herkunftsländern der Eltern aus.

Mehrsprachigkeit kann als Ressource begriffen werden.

Auch muttersprachliche Elterntreffen oder Übersetzungsangebote gehören in einzelnen Einrichtungen bereits zum festen Angebot. Wichtig dabei ist es, auf die Ressourcen der Elternschaft zu setzen. Benennen Sie Elternlotsen, die in ihren Herkunftssprachen agieren und aktivieren.

5. Feste gemeinsam planen und gestalten

Feste und Feiern im Jahresverlauf gehören zum festen Repertoire der Einrichtungen. Sie richten sich sowohl nach der konfessionellen Herkunft der Elternschaft wie nach der Kultur der Region. Diese Kultur zu leben ist vielen Erwachsenen wichtig. Sie möchten die Kinder vertraut machen mit Ritualen und Bräuchen, die für sie selbst eine Bedeutung haben. Es ist sinnvoll, die Elternschaft bei der Planung einzubinden und gemeinsam Entscheidungen über Anzahl und Inhalt der Feste und Höhepunkte zu treffen. Denken Sie daran, dass sich alle Eltern Höhepunkte im Leben ihrer Kinder wünschen. Für eine multikulturelle Einrichtung sollten die Entscheidungen transparent sein und regelmäßig mit der wechselnden Elternschaft neu verhandelt werden.

Nach der Pandemiezeit, in der Kontakte reduziert werden mussten, wurden diese gemeinsamen Erlebnisse von Eltern besonders vermisst. Meine Erfahrung zeigte, dass geselliges Miteinander für Eltern ebenso wichtig ist wie für die Kinder. Nutzen Sie die Ressourcen der Eltern und wählen Sie ein paritätisch zusammengesetztes Festkomitee aus Fachkräften und Eltern. Und auch hier ist weniger mehr. Gehen Sie sparsam mit Ihren eigenen Ressourcen um. Ein gemeinsam verantwortetes Fest im Jahr ist ausreichend, um die Gemeinschaft zu leben und Zusammenhalt zu schaffen.

6. Kooperation mit Großeltern, Geschwistern und Verwandten

„Der Muttertag hat ausgedient“, wurde mir einmal in einer Elternvertretungssitzung gesagt. Diese Aussage machte mich nachdenklich, nicht nur in Bezug auf die historischen Ursprünge dieses Feiertags. Danke zu sagen ist nicht verwerflich. Jedoch leisten in heutigen Familien nicht nur Mütter ihren Beitrag. Väter, Geschwister oder Großeltern bringen ebenfalls Erziehungsleistungen ein. Auch Freunde der Familie, Tanten, Onkel oder Aupairs können in die Erziehungsarbeit fest eingebunden sein.

Der Dankeschön-Gedanke ist übertragbar auf die gesamte Familie und ihr Hilfesystem. Deshalb ist ein Familientag zeitgemäßer. Dieser Tag kann auf ganz unterschiedliche Weise gestaltet werden. Ziel des Tages ist die Geste des Danksagens. Diese richtet sich an alle Beteiligten, die sich für die Kinder der Kita einsetzen, sie täglich begleiten und unterstützen. Die Kinder überlegen gemeinsam, was sie gern zeigen wollen. Ich habe erlebt, dass ein gemeinsames Sportfest ein gelungener Rahmen für den Familientag sein kann. An diesem Tag war die Kita ab 14 Uhr auch für Erwachsene geöffnet. Verschiedene Stationen luden zum Kräftemessen ein. Es wurde Fußball, aber auch Schach gespielt, Weitwurf erprobt, getanzt und geklettert. Ein Sponsorenlauf rundete den Nachmittag ab. An jede Altersgruppe war gedacht worden und die Kinder hatten aktiv die für sie wichtigsten Bewegungsformen ausgewählt. Für Groß und Klein war es ein gelungener Nachmittag.

Meiner Erfahrung nach sind auch Großeltern gern aktive Unterstützer:innen rund um die Arbeit der Kindertagesstätte. Auch bei unserem Sportfest haben sie sich eingebracht. Die heutige Großelterngeneration ist so jung und aktiv wie nie zuvor. Ich habe erlebt, dass sie sogar nach „Adoptivenkeln" suchen, weil die eigenen zu weit weg wohnen. Sie sind gefragte Vorleser, Forscher und Gärtner. Auch Kooperationen mit Wohnorten für ältere Menschen fördern Partnerschaften und tragen zu Hilfenetzwerken für Familien bei.

7. Digitalisierung kann die Zusammenarbeit erleichtern

Kommunikation in Kitas lebt von der persönlichen Interaktion. So ist es nicht verwunderlich, dass der Alltag in Kitas traditionell analog stattfindet (vgl. Reichert-Garschhammer et al. 2021). Zwischenmenschliche Begegnungen und Interaktionen in der Kita gehören zum professionellen Handwerkszeug der pädagogischen Fachkräfte. Die Digitalisierung, die in aller Munde ist, macht auch vor Kitas nicht halt und nicht zuletzt während der Pandemie wurde uns bewusst, welche Erleichterung die digitale Kommunikation bietet. In dieser Zeit waren E-Mails oder Messenger oft die einzige Möglichkeit, mit den Familien der Kinder in Kontakt zu bleiben oder Informationen zu übermitteln. Die Nachfrage nach der strukturierten Einführung von Apps oder Tablets zur Elternkommunikation stieg sprunghaft an. In Fortbildungen, die ebenfalls zunehmend mit digitalen Tools stattfinden, ist Medienbildung und Beratung zur Digitalisierung der Elternarbeit in den Fokus gerückt. So wird das zunächst kontrovers diskutierte Thema zunehmend zur gängigen Praxis und kann Ressourcen wie Zeit und Papier im Austausch mit Eltern einsparen. Auf dem Markt findet sich bereits eine ganze Reihe verschiedener Softwarelösungen.

Über eine Kita-App können Informationen, Termine und Fotos unkompliziert an die Eltern übermittelt werden.

Meine Erfahrungen mit einer Kita-App sind positiv, weil Eltern schneller und zielgenauer erreicht werden können. Interessant sind Funktionen, die Abfragen und Rückmeldungen möglich machen, da sie auch die Planung von Veranstaltungen erleichtern und viele Papierlisten überflüssig machen. Auch für Eltern, die die deutsche Sprache lernen, gibt es Möglichkeiten zur Übersetzung, die einfach und schnell zu bedienen sind. Der anfängliche Aufwand, um sich mit der App vertraut zu machen, amortisiert sich bereits nach kurzer Zeit. Bald überwiegen klar die Vorteile und die App wird schnell zu einem nicht mehr wegzudenkenden Kommunikationswerkzeug.

Vorteile des Mailverteilers

Auch der Mailverteiler ist inzwischen unverzichtbar. Er bietet ebenfalls die Möglichkeit, alle Eltern schnell und sicher zu informieren. Achten Sie auf Aktualität und überprüfen Sie regelmäßig, dass auch neue Familien in den Verteiler aufgenommen wurden. Informieren Sie die Eltern bereits im Erstgespräch über diese Kommunikationsform und zeigen Sie als Ziel auf, dass schnell alle Eltern erreicht werden können. Die Aufnahme in den Verteiler beruht auf Freiwilligkeit. Dies stellt nach meiner Erfahrung kein Hindernis dar, da inzwischen alle Familien mit digitalen Medien ausgestattet sind.

Hat der Elternbrief ausgedient?

Auch der Elternbrief in seiner klassischen Papierform kann in Einzelfällen seine Berechtigung haben. Nach wie vor gestalten Kinder gern selbst, bekleben Einladungen, malen und zeichnen. Diese kleinen Kunstwerke verfehlen ihre Wirkung selten. Wenn sie aus der Sicht der Kinder geschrieben werden, die sich wünschen, dass ihre Eltern an der Veranstaltung teilnehmen, ist die Beteiligung höher. Außerdem habe ich erlebt, dass sie häufig noch lange Zeit liebevoll aufbewahrt werden. Manchmal fragen sich die Kinder aber auch: Wie funktioniert eigentlich die Post? Wer leert den Briefkasten und wohin werden die Briefe gebracht? Für ein Projekt, das diese Fragen für Kinder beantwortet, eignet sich der Papierbrief. Unsere Schulanfänger:innen gehen gern auf Erkundungstour. Sie wollen sehen, wo jedes Kind wohnt – dabei können auch Briefe in den Briefkasten geworfen werden.

Vielleicht haben Sie den Kindern in einem Projekt die Herstellung des Papiers nähergebracht oder gemeinsam erarbeitet, wie wertvoll der Rohstoff Holz für die Papierherstellung ist. Auch in diesem Fall erreicht der Papierbrief sicher sein Ziel. In der Regelkommunikation jedoch werden Sie den Elternbrief zusätzlich in digitaler Form versenden. Inhalt und Form sind natürlich auch dann von Ihren Zielen abhängig. Meine Erfahrung hat gezeigt, dass es sich lohnt, über die Form der Ansprache und über die Inhalte nachzudenken. So kann eine Einladung aus Sicht des Kindes eher zur Beteiligung der Eltern führen als eine formale Übermittlung des Termins. Kleine Anekdoten, Kindermund oder Zeichnungen der Kinder fungieren als Türöffner. Bei geschicktem Einsatz entfaltet der „ausgediente" Elternbrief große Wirkung und lädt die Familie zu besonderen Anlässen ein.

Fotos, Filme, Datenschutz

Die Datenschutzgrundverordnung ist 2016 im Europaparlament beschlossen worden und hat einen Rechtsrahmen für die Verarbeitung personenbezogener Daten geschaffen. Die Erhebung dieser Daten ist in der Kita in vielen Fällen notwendig. Dabei sensibel die Persönlichkeitsrechte des Kindes zu wahren, steht im Mittelpunkt. Kinder als Minderjährige sind besonders schutzbedürftig. Unter diesem Aspekt sind die Vorschriften positiv, auch wenn die Prüfung in manchen Fällen aufwendig und ressourcenbindend ist. Die Träger der Kitas haben als Verantwortliche für die Einhaltung der Vorschriften besonders bei der Verwendung neuer Medien wie Apps, Kommunikationstools, Bildverarbeitung, Internetauftritt und an vielen anderen Stellen besondere Aufgaben. Welche Verpflichtungen im Einzelnen auf den Träger und die Kita zukommen, finden Sie in übersichtlicher Form ebenfalls in der Expertise des IFP (Staatsinstitut für Frühpädagogik). Die Herausgeber der Expertise warnen: „Foto-, Ton- und Filmaufnahmen von Kindern und Fachkräften sind personenbezogene Daten, die mit digitalen Endgeräten aufgenommen (erhoben) und in Speichermedien abgelegt werden. Fragen des Datenschutzes stellen sich bei allen Verarbeitungsweisen, wobei die Nutzung von Kita-Apps ebenso wie von Sozialen Medien (z. B. WhatsApp, Instagram, Facebook) zusätzliche Gefahren darstellen" (Reichert-Garschhammer et al. 2021, S. 48). Um Problemen des Datenschutzes wie offene Registrierung, die Wahrung des Nähe-Dis-

Mit einer App am Start

„Kita-Apps sind Softwarelösungen für mittelbare pädagogische Aufgaben. Dazu zählen die Beobachtung und Dokumentation der Lern- und Entwicklungsprozesse der Kinder, die Kommunikation mit Eltern und im Team sowie alle Bereiche der Kita-Verwaltung. Kita-Apps sind programmiert für Tablet, Smartphone und PC und zumeist webbasiert konzipiert, d. h. die personenbezogenen Daten liegen nicht auf den Kita-Rechnern, sondern auf externen Servern des App-Anbieters, sodass auch spezifische Datenschutzfragen zu klären sind" (Reichert-Garschhammer et al., 2021, S. 6).

Literaturtipp

Das IFP Staatsinstitut veröffentlichte eine Expertise, in der Sie umfangreiche Informationen zu momentan verfügbaren Softwarelösungen für mittelbare pädagogische Kita-Aufgaben und über die Datenschutzanforderungen finden. Außerdem finden Sie eine umfassende Übersicht über alle webbasierten Kita-Apps (vgl. Reichert-Garschhammer et al. 2021). Diese Expertise wird jährlich überarbeitet und bietet dadurch einen umfassenden aktuellen Überblick, wenn sie nach einer digitalen Lösung suchen.

Digitale Kommunikation ersetzt das persönliche Gespräch nicht, sondern ergänzt es.

tanz-Verhältnisses und Sicherheit beim Verbleib der Daten zu gewährleisten (Serverstandort), empfehle ich, auf Soziale Medien im professionellen Kontext der Kita zu verzichten.

Der verantwortungsvolle Umgang mit diesen Medien und die Einhaltung des rechtlichen Rahmens trägt dazu bei, dass die Kita einen Umgang mit personenbezogenen Daten pflegt, der Missbrauch ausschließt. Zum internen Einsatz der Medien stellen Reichert-Garschhammer et al. fest: „Das Erstellen und interne Verwenden digitaler Foto-, Ton- und Filmaufnahmen für Kitas im Rahmen ihrer Aufgaben ist nur mit Einwilligung der Eltern zulässig. Diese bislang vorherrschende Rechtsmeinung befindet sich im Umbruch, da Foto-, Ton- und Filmaufnahmen für die Erfüllung bestimmter Kita-Aufgaben als für erforderlich erachtet werden (z.B. Portfolioarbeit)“ (Reichert-Garschhammer et al. 2021, S. 49).

Digitale Tools in der Elternberatung und für Treffen

Der Einsatz von digitalen Tools ist eine richtige Innovation in der Kita-Landschaft. Digitale oder hybride Elternabende und Elterngespräche bieten den Vorteil, dass beide Elternteile teilnehmen können, dass Alleinerziehende unterstützt werden und die Hemmschwelle, nach Feierabend einer Veranstaltung beizuwohnen, deutlich geringer ist. Zu beachten ist allerdings, dass „bei Online-Videokonferenzen im Gegensatz zu normalen Telefonkonferenzen große Mengen personenbezogener Daten verarbeitet und übertragen werden“ (Reichert-Garschhammer et al. 2021, S. 64). Diese Metadaten der teilnehmenden Personen (wer hat wann mit wem über welche Plattform kommuniziert?) sollten nicht in die falschen Hände gelangen. Einige Tools entsprechen in diesem Sinne den angegebenen Regelungen. Auch über diese finden Sie Empfehlungen in der Expertise des Staatsinstituts.

Praktische Tipps für die Umsetzung von Online-Angeboten

1. Klären Sie die Zielsetzung

Was möchten Sie mit Ihrem Angebot erreichen? Möchten Sie mit den Eltern ins Gespräch kommen oder handelt es sich eher um einen verpflichtenden Termin? Möchten Sie alle Eltern informieren? Oder geht es um einen lockeren Austausch für die, die Zeit und Lust haben? Wenn Sie wissen, was genau Ihr Ziel ist, fallen Terminfindung, Art der Einladung und die Wahl des Formats leichter.

2. Angebot und Zielgruppe

Bevor Sie Online-Angebote für die Eltern organisieren, stellen Sie sich zunächst folgende Fragen:
- Auf welchem Weg informieren Sie die Eltern?
- Gibt es Hürden in der Sprache?
- Soll es regelmäßige Termine geben oder eine Abwechslung in Tag und Uhrzeit?
- Können die Eltern mit jedem Endgerät (Handy, Tablet, Laptop ...) teilnehmen?
  Versetzen Sie sich in die Lage der Eltern, vor allem derer, die Sie nicht zu erreichen scheinen.

3. Technik und Vorbereitung

Bereiten Sie Ihre Technik gut vor. Wenn Sie alles einmal getestet haben, hilft das, Ruhe zu bewahren, wenn etwas schiefgeht. Machen Sie sich im Team mit den Möglichkeiten vertraut:
- Klappt Ihr Online-Videotool?
- Kennen Sie alle Funktionen, die Sie bei Ihrem Angebot nutzen möchten?
- Funktionieren Headsets und Kameras? Sind die Einstellungen korrekt?
- Wenn Sie mit einem Laptop arbeiten, denken Sie an das Ladekabel.
- Welche weiteren Tools zur Abstimmung oder Ideensammlung könnten nützlich sein?

4. Vorbereitung als Moderator:in
Alle Unterlagen und Dateien, die Sie im Termin nutzen möchten, sollten Sie griffbereit haben. Dazu zählen u. a. Ablaufplan, Stift und Papier für Notizen, Präsentationsdateien oder Links.
Sollen alle einmal zu Wort kommen? Dann sollten Sie auch eine Teilnehmer:innenliste bereithalten oder diese zu Beginn der Veranstaltung notieren. Ihr Job ist es, dass alle gehört werden und niemand vergessen wird.

5. Unterstützung
Schaffen Sie es, das Online-Angebot alleine zu organisieren und zu moderieren? Wenn Sie sich nicht sicher sind, holen Sie sich Hilfe aus Ihrem Team und geben Sie einzelne Aufgaben ab. Wichtig sind hier gute Absprachen und Rollenverteilung.
Nennen Sie am besten schon in der Einladung eine Ansprechperson, die für technische Probleme telefonisch erreichbar ist.

6. Gemeinsame Haltung finden
Wenn Sie gemeinsam etwas Neues beginnen und neue Formen von Angeboten schaffen, haben Sie die Chance, die Regeln des Miteinanders neu auszuloten.
Sie sind als Moderator:in Vorbild. Seien Sie geduldig mit sich, dem Team und den Eltern. Nicht alles muss schnell gehen, nur weil es online eben schnell gehen könnte. Sie sind Vorbild und setzen den „Ton". Dazu gehört auch eine ehrliche Fehlerfreundlichkeit.

7. Kamera und Mikrofon
Vor der Veranstaltung sollten alle Eltern die Möglichkeit haben, ihre Technik zu testen:
- Funktionieren Kamera und Mikrofon?
- Sollen die Kameras angeschaltet werden oder nicht?

Führen Sie eventuell spielerisch an die Technik heran. Bieten Sie Hilfestellungen und beobachten Sie die Teilnehmer:innen. Weichen Sie bei Bedarf auf den Chat aus und behalten Sie diesen im Auge.

8. Tipps, Tools und kleine Methode
Wenn Sie zu lange Stille aufkommen lassen, verunsichert das die teilnehmenden Eltern. Daher empfiehlt es sich, hin und wieder zu kommentieren, was passiert und was Sie tun.
- Geben Sie Zeit für informelles Plaudern und Vernetzen.
- Bieten Sie „Break-Out-Rooms" an: Damit können Sie eine Gruppe von Teilnehmer:innen in mehrere kleinere Konferenzräume aufteilen.
- Tools wie Padlet (Inhalte können gemeinsam live erstellt werden), Mentimeter (Echtzeit-Feedback) oder Abstimmungen lockern auf. Auch Umfragen sind online möglich, nutzen Sie dafür Online-Tools (z. B. Lamapoll).
  Bedenken Sie jedoch: Zu viele Tools sollten nicht verwendet werden, denn diese könnten für Einzelne eine Hürde bedeuten oder vom Thema ablenken.

9. Was tun, wenn die Technik nicht klappt wie geplant
Bleiben Sie geduldig mit sich und der Technik. Improvisieren Sie, wo Sie können. Geben Sie den Teilnehmer:innen eine Aufgabe, um selbst Zeit zur Problemlösung zu gewinnen. Stellen Sie eine Frage zur Beantwortung im Chat. Ziehen Sie (wenn möglich) einen anderen Programmpunkt vor oder legen Sie eine Pause ein.
Wenn Eltern Probleme haben, an der Veranstaltung teilzunehmen, empfiehlt es sich, wichtige Teile aufzuzeichnen, damit diese auch noch später abgerufen werden können. Fassen Sie wichtige Inhalte des Angebots in einer Dokumentation zusammen.

10. Schwierige Situationen
- Vielredner:innen: Finden Sie den Punkt, um gut unterbrechen zu können. Kommunizieren Sie Ihr Vorgehen transparent.
- Bei hohem Diskussionsbedarf: Kreisen Sie das Thema ein. Benennen Sie, was noch zu klären und was noch zu tun ist. Machen Sie konkrete Angebote, wie Sie den weiteren Bedarf decken könnten.
- Bei Stille/fehlender Beteiligung: Überlegen Sie, was das Ziel war. Ist es auch ohne Beteiligung erreichbar? War es Ihr Ziel oder das der Eltern? Wer muss für das Ziel arbeiten? Wie können Sie das Angebot entsprechend anpassen?

Quelle: Vazquez, S.: 10 Tipps für Online-Angebote für Eltern. kindergarten heute 1/2022. www.herder.de/kiga-heute/fachmagazin/archiv/2022-52-jg/1-2022/10-tipps-fuer-online-angebote-fuer-eltern/, letzter Zugriff 13.06.2023.

Schwierige Situationen und Konflikte mit Eltern können im Team reflektiert werden.

V. Herausforderungen annehmen und Stolpersteine meistern

Familien sind Veränderungsprozessen unterworfen. Der vorherrschende Personalmangel in verschiedenen beruflichen Feldern lässt beispielsweise das Selbstverständnis von jungen Eltern als beruflich qualifizierte und umworbene Fachkräfte wachsen. Damit ist auch ein gestiegenes Selbstbewusstsein zu erklären, das sich im Wunsch nach Mitarbeit, Beteiligung und Engagement in den Einrichtungen zeigt. Eltern wollen nicht nur helfende Hände sein, sondern hinterfragen Standards, haben Ideen, denken über unterschiedliche pädagogischen Ansätze nach und sind mithilfe des Internets gut informiert. Für die Kitas kann sich daraus auch Konfliktpotenzial ergeben und nicht zuletzt birgt die Kommunikation über das Internet versteckte Fallstricke. Deshalb lohnt es sich, typische Konfliktmuster zu beleuchten und diese auch als Wachstumschance und Ressource für die Einrichtungen wahrzunehmen. Denn wenn Menschen bereit sind, in einen gemeinsamen Diskurs einzutreten, birgt dies Veränderungsmöglichkeiten und somit Potenzial zur Entwicklung.

1. Konflikte zwischen Eltern und pädagogischen Fachkräften

Aus der Praxis

Die Kinder der Kita Wiesengrün nutzen das naturnahe Außengelände täglich als Bewegungslandschaft und Forschungsgebiet. Sie lieben es, zu wühlen, zu matschen, den Hügel hinunterzurollen und vieles mehr. Emilias Mutter, Frau Schubert, bittet den Erzieher Peter immer wieder, besser darauf zu achten, dass ihr Kind nicht schmutzig nach Hause kommt. Peter hat sich bereits viel Zeit genommen, um Frau Schubert die Entwicklungsmöglichkeiten aufzuzeigen, die Emilia beim Spielen im Freien hat. Er hat darum gebeten, dass Wechselsachen mitgegeben werden, und achtet darauf, dass Emilia ihre Matschhose und Gummistiefel auch anzieht.

Als Frau Schubert Emilia wieder einmal abholt, ist sie entsetzt. Emilia hat mit anderen Kindern in der Matschgrube gespielt und ist von oben bis unten paniert und schmutzig. Aufgebracht sagt die Mutter zu Peter: „Wie oft habe ich Ihnen bereits gesagt, dass sich Emilia nicht schmutzig machen soll! Ich finde es unerhört, dass Sie sich darum nicht kümmern. Das wird ein Nachspiel haben!" Peter kann gar nicht so schnell reagieren und bleibt mit einem unguten Gefühl zurück.

Wir alle erleben täglich Situationen dieser Art. „Wo sind denn die Hausschuhe schon wieder?", „Das kann doch nicht sein, dass Sie mein Kind dabei nicht gesehen haben?", „Ich möchte aber, dass mein Kind aufisst" oder „Ich möchte aber nicht, dass mein Kind da mitspielt". Wenn die Mimik und der Ton die Aussagen negativ verstärken, macht sich schnell Unmut bei den Fachkräften breit. Möglicherweise haben sie auch zuvor schon viel Zeit in Erklärungen investiert und sind nun zunehmend ratlos.

Grundsätzlich gehören diese Situationen dazu. Sie zeigen uns, dass es aus verschiedenen Perspektiven zu unterschiedlichen Beurteilungen kommt. Ohne eine professionelle Reaktion mündet dies leicht in einen Konflikt.

Ich erlebe täglich, dass unterschiedliche Meinungen und Auffassungen als Problem, Stressfaktor und unangenehmes Übel aufgefasst werden. Mir ist bewusst, dass es anstrengend ist, bestimmte Fragen immer und immer wieder erklären zu müssen. Auch ich benötige dafür viel Geduld und Verständnis. Mir hilft es in diesen Situationen, die Chance im Disput zu erkennen. Ich versuche, mich in die Gedankenwelt des Gegenüber hineinzuversetzen, und wechsle die Perspektive. So finde ich Erklärungen für wiederholte Fragen und es fällt mir leichter, diese zu beantworten.

Pädagogische Fachkräfte in Kindertagesstätten sind durch die vorherrschenden Inhalte ihrer Aus-, Fort- und Weiterbildung geprägt. Diese stimmen nicht in jedem Fall mit den kulturellen Prägungen vieler Familien überein. So ist erklärbar, dass Erziehungsziele der Familie und der Fachkräfte selten 1 : 1 zusammenpassen. Im obigen Beispiel hat sich Erzieher Peter bereits mit den Perspektiven der Eltern auseinandergesetzt. Die Situation zeigt ihm, dass es sich lohnt, nochmals mit Emilias Mutter ins Gespräch zu kommen. Er erklärt Frau Schubert die entwicklungspsychologischen Fakten erneut. Weiterhin schildert er seine Beobachtungen zu Emilias Interessen und betont, dass sie mit diesem Spiel wichtige Entwicklungsschritte macht. Ganz in Ruhe bietet er an, dass Wechselsachen eine Alternative in dieser Situation sein können. Dem Bildungsauftrag der Kita entsprechend muss er Frau Schubert überzeugend darlegen, dass er Emilias Spiel unterstützen wird. Meiner Erfahrung nach sind Eltern oft erstaunt, dass diese Wahrnehmungserfahrungen für Kinder so bedeutend sind, und verstehen dann besser die Gründe für diese Spiele. Wenn sich Frau Schubert jedoch gar nicht überzeugen lässt, kann der Erzieher freundlich, aber bestimmt auf die pädagogische Position der Kita verweisen. Nicht alle Meinungsverschiedenheiten lassen sich auflösen.

Auch tradierte Erziehungsvorstellungen wie „Das Kind muss aufessen" oder „Mein Kind muss probieren" können sich hartnäckig halten. Es zeigt sich, dass noch nicht alle Eltern das Kind als Akteur seiner Entwicklung verinnerlicht haben. Dies spiegelt sich auch in einem unterschiedlichen Verständnis von Lernen

Eltern wollen mehr als helfende Hände sein – daraus entstehen Chancen und Herausforderungen.

Typische Konfliktfelder in der Zusammenarbeit

- Tagesablauf und andere Strukturen der Kita;
- religiöse Vorstellungen;
- Missverständnisse aufgrund von Sprachbarrieren;
- divergierende Erziehungsvorstellungen;
- Eltern, die zu viel Verantwortung an die Kita delegieren.

und Bildung und ist durch verschiedene Familienkulturen erklärbar. Diese auseinanderliegenden Vorstellungen zum Bildungsverständnis sind ein klassisches Konfliktfeld (vgl. Roth 2022).

Schon die Vorstellungen zum Tagesablauf in der Kita können unterschiedlich aussehen. Während sich manche Eltern eine disziplinierte Durchstrukturierung wünschen, erwarten andere, dass sich die Einrichtung ganz nach dem Biorhythmus des Kindes richtet. Dies kann beispielsweise zu Problemen führen, wenn die Kinder regelmäßig zu spät in die Kita gebracht werden. Auch die Schlafenszeiten der Kinder innerhalb der Kita sind in diesem Zusammenhang häufig Grundlage für Auseinandersetzungen.

Wenn Erziehungsvorstellungen in Familie und Einrichtung voneinander abweichen, benötigen die pädagogischen Fachkräfte viel Geduld und Zeit, um ihre Erziehungsmethoden zu erklären und zu begründen. Konflikte gehören demnach zur pädagogischen Realität, um nicht zu sagen zur fast täglichen Normalität. Damit sie jedoch nicht zu Stressfallen, Beziehungskillern und Kraftproben werden, ergibt es Sinn, professionell damit umzugehen und zunächst die Existenz von Konflikten als solches anzunehmen.

2. Beschwerdemanagement

Eltern formulieren ihre Wünsche häufig nicht sofort. Oft warten sie aus Konfliktscheu oder Angst, sie könnten ihrem Kind schaden, ab. Manche ungeklärte Situation zieht sich dadurch in die Länge. In der Praxis erlebe ich, dass Elternwünsche in Form von Vorwürfen, versteckten Fragen oder gleich als mündliche Beschwerde vorgetragen werden. Erfahrungsgemäß gehört dies zum Alltag der Einrichtungen dazu und ist nicht außergewöhnlich, da Eltern keine „Professionellen“ sind. Es gehört viel Übung und Erfahrung dazu, damit diese Situation nicht als Angriff, Versagen oder gar persönliche Schuld verstanden wird. Was ist hilfreich auf diesem Weg?

Mit ihren Fragen eröffnen uns die Eltern die Möglichkeit, verschiedene Perspektiven einzunehmen. Für Fachkräfte ist es häufig sinnvoll, zunächst Zeit zu gewinnen, um die Situation noch einmal zu überdenken und sich auf ihre Antwort vorzubereiten. Ehrliches Feedback der täglichen Arbeit ist nicht selbstverständlich. In vielen anderen Berufszweigen gehört die Rückmeldung zur erhaltenen Leistung dazu und wird dankbar angenommen. Diese Herangehensweise hilft uns, in der kritischen Rückmeldung durch die Familie die Chance zu Verbesserungen zu sehen.

Ehrliches Feedback von Eltern kann für Fachkräfte hilfreich sein.

Aus der Praxis

Kians Mutter, Frau Heller, wendet sich an die Fachkraft Meryem. Ihr ist aufgefallen, dass die Vesperdose ihres gerade neu eingewöhnten Sohnes schon an mehreren Tagen unangerührt mit nach Hause gebracht wurde. Meryem bedankt sich zunächst für diesen Hinweis. Sie bittet um Zeit, damit sie überlegen und beobachten kann, und vereinbart einen Termin mit Kians Mutter, an dem sie ihre Beobachtungen rückmelden möchte. Ihre Überlegungen gehen nun in unterschiedlichste Richtungen. Ist der Tagesablauf für alle Kinder transparent? Brauchen die Jüngsten noch mehr Begleitung? Spielt Kian vielleicht so intensiv, dass er nicht wahrnimmt, dass Vesperzeit ist? Wie ist die Essensituation gestaltet? Ist diese einladend? Bereits am nächsten Tag beobachtet Meryem genau und versucht, Antworten auf ihre Fragen zu finden. Sie stellt fest, dass Kian bei Übergängen und in einigen anderen Situationen im Tagesablauf noch unsicher ist. Sie begleitet ihn daraufhin und nimmt sich vor, dies auch im Team zu besprechen. Am vereinbarten Termin kann sie Kians Mutter ihre Beobachtungen rückmelden.

Im Beispiel sehen wir, dass der zunächst angenommene versteckte Vorwurf der Mutter durchaus Berechtigung hat und eine Reihe von Fragen aufwirft. Diese ins Team einzubringen, Standards zu überarbeiten und die eigenen Handlungsmuster anzupassen, gehören zu den täglichen Anforderungen an pädagogische Fachkräfte. Dazu hat eine Vielzahl von Einrichtungen ein strukturiertes Beschwerdemanagement eingeführt. Sie bieten Fortbildungen für die Fachkräfte an und erfüllen so den gesetzlichen Auftrag. Unterschiedlichste Familienkulturen erfordern Flexibilität und Anpassungsvermögen der pädagogischen Fachkräfte. Die Auseinandersetzung mit ihren Fragestellungen gehört zum täglichen Handwerkszeug der Fachkräfte.

Ein professionelles Beschwerdemanagement am obigen Beispiel beinhaltet folgende Schritte und Überlegungen:

- Wer dokumentiert den Eingang der Beschwerde? Wie sind die Wege in der Einrichtung?
- Wer übernimmt welche Verantwortung bei der Bearbeitung der Beschwerde? Wann genügt eine schnelle Antwort und wann sollte das Team einbezogen werden?
- Wie und wo ist ein guter Ort, um im Team Klarheit zu schaffen und Feedback zu geben?
- Wie erhalten Eltern oder die Familie Rückmeldung zu ihrer Beschwerde?

Die Beantwortung dieser Fragen ist abhängig vom Inhalt der Beschwerde und deren Tragweite. Ich empfehle, strukturiert an jede Beschwerde heranzugehen und die oben genannten Fragen in den Blick zu nehmen. **Denken Sie daran, dass es nicht nur um Fehlervermeidung geht. Es geht um das Selbstverständnis, dass Fehler erlaubt und als Entwicklungshilfen zu verstehen sind.** Gute Fehlerkultur lässt Fehler zu. Die Beteiligten bedanken sich, wenn Fehler aufgedeckt werden. Sie sehen darin die Chance zur Verbesserung und Veränderung auf dem Weg zu bester Qualität.

Jedes Konfliktgespräch ist anders, doch professionelle, konstruktive Gesprächsführung kann eingeübt werden.

3. Konfliktgespräche

Gelungene Gesprächsführung setzt Professionalisierung durch Übung in häufig wiederkehrenden Fragestellungen voraus. Jede Fachkraft kennt nach einigen Jahren Berufserfahrung typische Themen, die sehr leicht zu echten Konflikten werden können. Um in der täglichen Routine zu mehr Gelassenheit, weniger Aufregung und weniger Störungen des Alltags für Kinder und Fachkräfte zu gelangen, sind auch Standardantworten durchaus legitim. Eine Auswahl:

Tür- und Angelgespräch: Ich bin froh, dass Sie sich mit Ihrer Frage an mich wenden. Jetzt muss ich mich um die Kinder kümmern. Wir suchen gleich nach einem Termin, damit wir uns ausführlich Ihrer Frage widmen können und ich mich darauf vorbereiten kann.

Fluranfrage: Vielen Dank für Ihre Frage, ich nehme sie mit ins Team, damit wir uns genauer damit beschäftigen können. Sie erhalten nächste Woche von mir Rückmeldung.

Elemente förderlicher Gesprächsführung

- Aktives Zuhören (Blickkontakt, Reformulieren, offene Fragen stellen, Konkretisieren)
- Ich-Botschaften senden („Ich bin verunsichert/verärgert …"/ „Ich freue mich …")
- Empathie (Einfühlen) – Akzeptanz – Kongruenz (Echtheit)
- Dialogische Grundhaltung (wertschätzend, respektvoll, offen)
- Rahmenbedingungen (Raum, Zeit, Sitzordnung)

(vgl. Lindner 2013)

Da sich Konfliktthemen in unterschiedlichen Kontexten wiederholen, lohnt es sich zu fragen: Wie können Gespräche dieser Art besser gelingen? Was können pädagogische Fachkräfte routiniert richtig machen? Was genau lässt sich üben?

Behalten Sie, wenn möglich, auch in konfliktgeladene Situationen eine innere Ruhe. Dies gelingt häufig, wenn Sie bewusst aus- und einatmen. Hören Sie aktiv zu, halten Sie Blickkontakt und zeigen Sie echtes Interesse. So haben Sie Zeit, sich zu regulieren und nachzudenken.

Im nächsten Schritt kann die Aussage der Frage reformuliert werden, um sicherzugehen, dass Sie richtig verstanden haben. „Habe ich Sie richtig verstanden, dass Sie unsicher sind, ob wir Clara regelmäßig zum Essen und Trinken anhalten?" Wenn Sie diese Rückfragen nicht schematisch stellen, sondern empathisch (einfühlsam), von Akzeptanz geprägt und durch Echtheit (Kongruenz) untermauert, spiegeln Sie Ihr wirkliches Interesse an einer Partnerschaft. Für Ihre Suche nach Antworten haben sich Ich-Botschaften bewährt. Über die eigene Wahrnehmung zu sprechen, ist legitim und verletzt das Gegenüber nicht. Häufig schaffen Sie dadurch ein Eingangstor zum echten Dialog. Für mich beginnt damit das Miteinander in der Suche nach gemeinsamen Lösungen.

Professionelle Kommunikation gehört zum Handwerkszeug von pädagogischen Fachkräften.

4. Konfliktanfällige Situationen erkennen

Es gibt konfliktträchtige Situationen, die sich häufig wiederholen. Deshalb ist es richtig, verschiedene Situationen zu analysieren und schnell zu erkennen. Dazu ist ein Überblick über diese Situationen hilfreich.

Ungenaue Absprachen oder Missverständnisse sind häufig Ursache von Konflikten. Hier ist es einfach, Abhilfe zu schaffen, indem transparent beide Perspektiven angesprochen werden und das Missverständnis aufgeklärt wird. Machen Sie transparent, dass Fehler erlaubt sind, für Kinder genauso wie für Erwachsene.

Unterschiedliche Erziehungsansätze und -vorstellungen sind ebenfalls ein häufiges Konfliktfeld. Hier ist es wichtig, die Wertvorstellungen zunächst zu identifizieren. Versuchen Sie nicht, Eltern zu ändern, sondern zeigen Sie Ihre Vorstellung auf und setzen diese, ohne zu werten, neben die der Eltern. Es fällt nun leichter, einen „dritten Raum" zu eröffnen, in dem sich beide Parteien bewegen können. Vielleicht gibt es Eltern, die große Aufmerksamkeit gewohnt sind und viel mitreden wollen, oder Eltern, die wiederum zu viel Verantwortung an die Einrichtung delegieren. Sprechen Sie Ihre Wahrnehmung anhand von Beispielen, die Sie wertfrei dokumentiert haben, an.

Auch regelmäßiges Zuspätkommen oder unpünktliches Abholen können oft zu Konflikten führen. Hier können Sie, nachdem Sie zweimal selbst mit den Eltern gesprochen haben, auch Hilfe durch Vorgesetzte wie Leitung oder Trägerverantwortliche hinzuziehen. Denn hier geht es auch um die Einhaltung der Vertragsgrundlagen.

Durch das schnelle Erkennen typischer Situationen, die zu Konflikten führen können, sind Sie in der Lage, angemessen und ruhig zu agieren. Eine passende Standardantwort hilft Ihnen, Zeit zu gewinnen und sich selbst zu regulieren. Der Umgang mit diesen Situationen wird so als „normale" Anforderung, vielleicht als Herausforderung, jedoch niemals als Überforderung erlebt.

Stopp! Bei verbalen oder tätlichen Angriffen ist eine klare Grenze erreicht.

5. Wenn die Grenze erreicht ist

Obwohl ich in meiner Praxis nur wenige Beispiele erlebt habe, ist es denkbar, dass die beschriebenen Situationen auch zu Eskalationen führen. Diese äußern sich in lauten Wortgefechten, Handgreiflichkeiten und körperlichen Eskalationen. Sie gehören normalerweise nicht zum Alltag in einer Kita und es ist dafür in der Regel ein tiefer liegender Dissens zwischen den Beteiligten ursächlich. Zeitmangel, Stress oder Respektlosigkeit können diese Situation noch begünstigen. Niemand wünscht sich diese Eskalationen, in denen es zu lauten Streitgesprächen oder gar körperlichen Auseinandersetzungen kommt. Aber auch diese gehören zum Verhaltensrepertoire von Menschen. Es ist hilfreich, sich gedanklich mit einem Notfallkoffer auszustatten. Bei jeder Androhung oder dem Einsatz von körperlicher Gewalt holen Sie Hilfe (Kolleg:innen, die Leitung oder, wenn nötig, die Polizei), denn hier ist Gefahr im Verzug. Denken Sie daran, dass Sie das Hausrecht ausüben können. Die Leiterin und bei Ihrer Abwesenheit auch eine andere Fachkraft kann Beteiligte der Auseinandersetzung des Hauses verweisen. Sollten Sie davon Gebrauch machen müssen, informieren Sie danach immer die Verantwortlichen Ihres Trägers und dokumentieren Sie die Situation genau. So gehen keine Details verloren, wenn es zu weiteren Nachfragen kommt.

Für einfachere Situationen hat sich eine Art „Erste-Hilfe-Kurs" für den Konfliktfall bewährt. Die präventive Beschäftigung damit hilft Ihnen, im Ernstfall ruhig und kompetent zu agieren. Üben Sie im Team oder auch mit externen Fortbildner:innen typische Konfliktsituationen ein, die in Ihrer Kita immer wieder vorkommen. Auch wenn jedes Gespräch individuell ist und Sie nie nach Schema reagieren können, entwickeln Sie so doch ein nützliches Handlungsrepertoire.

Was sind konfliktanfällige Situationen in der Zusammenarbeit mit Eltern für Sie?

(Zusammengetragen bei einer Fortbildung 2021 im Burger Kinderhaus Kirchzarten)

- Themen rund um das Kindeswohl,
- gestörtes Vertrauen (Lügen oder falsche Darstellungen),
- Wohlbefinden des Kindes,
- Eltern geben zu viel Verantwortung an die pädagogischen Fachkräfte ab,
- die Entwicklung des Kindes wird unterschiedlich wahrgenommen,
- Vorwürfe von Eltern („Sie haben nicht richtig aufgepasst …"),
- Gespräche mit Eltern in Stresssituationen (zum Beispiel Ausflugsstart, Bus fährt ab).

Notfallkoffer für verbale Angriffe

Wenn Sie von Eltern verbal angegriffen werden, können Sie

- Zeit gewinnen,
- Distanz aufbauen (räumlicher Abstand),
- Situation verlassen (den Raum verlassen oder das Gespräch mit Verweis auf Wichtigkeit vertagen),
- das Gesagte ignorieren (bei kleineren Angriffen),
- Verständnis zeigen („Ich verstehe, dass Sie sich ärgern …"),
- Ich-Botschaften senden („Ich bin jetzt ganz erschrocken, dass Sie so ärgerlich sind.").

Aus der Praxis

Frau und Herr Lempke leben seit drei Monaten getrennt. In der Familie tobt ein heftiger Streit und die drei Kinder (3, 5 und 6 Jahre alt) zeigen täglich, wie schwer sie mit den Auseinandersetzungen der Eltern umgehen können. Sie pendeln zwischen der alten Wohnung, die der Vater behalten hat, und der neuen Wohnung der Mutter. Feste Absprachen wurden noch nicht getroffen. Die jüngste Tochter beginnt wieder einzunässen und weint täglich in der Bringsituation. Auch die älteren Geschwister zeigen, dass sie unter der Situation leiden, und suchen das Gespräch zu ihren Bezugspersonen in der Kita. Sie schildern die gefühlte Ausweglosigkeit, würden die Eltern gern wieder vereinen und suchen bei sich die Schuld. Sie beziehen ihre Freunde in die Überlegung ein, welcher Elternteil besser und wer schlechter ist. In verschiedenen Spielsituationen zeichnen sie ihren Loyalitätskonflikt nach.

Klar und souverän die eigene Position vertreten – diese Kompetenz kann eingeübt werden.

Durch unterschiedliche Beobachtungen der Spielsituationen und Gespräche mit den Kindern haben die Fachkräfte diesen Fall als gefährdend eingestuft. Sie sind nun verpflichtet, mit den Eltern ins Gespräch zu gehen und ressourcenorientiert die Lage der Kinder zu verbessern. Aus Sicht der Eltern wird die Einmischung in ihr Privatleben in der Regel abgelehnt. Diese sich widersprechenden Zielstellungen haben ein hohes Konfliktpotenzial, weil sich für die Fachkräfte eine drohende Kindeswohlgefährdung anbahnt. Grundsätzlich sind alle Angebote der Kita und somit auch alle Gespräche, die die Kita anbietet, durch Freiwilligkeit gekennzeichnet. Seit der Änderung des Bundeskinderschutzgesetzes 2012 muss jedoch in bestimmten Fällen aufgrund des formulierten Schutzauftrages §8a SGB VIII) von diesem Grundsatz abgewichen werden. Wenn Sie als Fachkraft Fakten für eine Kindeswohlgefährdung dokumentiert haben oder eine drohende Gefährdung sehen, haben Sie die Pflicht zu handeln. Zunächst finden die Gespräche im Team unter Hinzuziehung der insoweit erfahrenen Fachkraft statt. Erhärten sich die Verdachtsmomente wie im beschriebenen Fall der Familie Lempke, wird ein Gespräch mit den Eltern geführt. Dass dieses Gespräch aufgrund der brisanten emotionalen Familienkonstellation ein Spannungsfeld erzeugt, liegt auf der Hand. Das Vertrauensverhältnis zwischen Eltern und Fachkräften wird auf eine harte Probe gestellt. Im schlimmsten Fall kommt es zum Abbruch der Beziehungen oder sogar zur Aufhebung des Betreuungsvertrags. Obwohl sich dies keiner wünscht, hat der Schutz des Kindes oberste Priorität und fordert diese Vorgehensweise.

Eine lückenlose Dokumentation aller Verdachtsmomente sollte vorgeschaltet sein. Im angeführten Beispiel gehören die Erzählungen der Kinder, aber auch die Spielinhalte dazu. Weiterhin sollten die Entwicklungsrückschritte des jüngsten Kindes genau beobachtet und festgehalten werden. Erst nachdem sich die Leitung mit der insoweit erfahrenen Fachkraft und den fallführenden Fachkräften abgestimmt haben, wird die Familie eingeladen und auf den Gesprächsinhalt vorbereitet. Die Fachkraft versucht, behutsam vorzugehen und ihr Vertrauensverhältnis zu nutzen und aufrechtzuerhalten. Vom Grundsatz des wertschätzenden und respektvollen Umgangs darf niemals abgewichen werden. So kann sie trotz ihrer persönlichen Betroffenheit im Sinne des Kindes agieren. Vielleicht hilft dabei der Gedanke, dass Eltern immer das Beste für ihre Kinder wollen und oft hilflos und überfordert sind (Roth 2022, S. 275). Diese Gespräche sind in meinen Augen Grenzfälle von Erziehungspartnerschaft. Sie sind nicht alltäglich und lösen Mitgefühl und Trauer aus. Im besten Fall erreichen die Fachkräfte, dass der Rechtsstreit der Eltern zur schnelleren Klärung gelangt und gerichtlich klare Abmachungen getroffen werden, die das Wohl der Kinder einbeziehen.

Natürlich können auch andere Verdachtsmomente Irritationen in der Erziehungspartnerschaft auslösen. Die wiederholte präventive Beschäftigung mit schweren und unangenehmen Situationen hilft uns, im Ernstfall Sicherheit zu gewinnen.

6. Den Weg öffnen für einen Perspektivwechsel

Konfliktsituationen so zu gestalten, dass sie für alle Beteiligten das Gefühl von einer Annäherung hinterlassen und zur Entspannung und Wiedergutmachung führen, ist unser tägliches Anliegen. Denken Sie an dieser Stelle daran, dass Kinder feine Antennen für die Befindlichkeiten der Erwachsenen haben. Sowohl die Eltern als auch die Fachkräfte werden im besten Fall vom Kind geliebt. Aus der Sicht der Kinder ist es deshalb elementar wichtig, dass auf eine Konfliktlösung hingearbeitet wird.

Evolutionär betrachtet bevorzugt jeder Mensch ein bestimmtes Konfliktlösungsmuster. Dieses kann genetisch angelegt, erworben, erlernt und durch unterschiedliche Anlässe verändert worden sein (vgl. Kreyenberg 2004). Kreyenberg hat Lösungsmuster (siehe Kasten) herausgearbeitet.

Jedes Muster hat sowohl Vor- und auch Nachteile. Ein Muster, das an Konsens und Integration orientiert ist, erweist sich als förderlich. Es kann bei diesen Lösungsmustern davon ausgegangen werden, dass beide Seiten sich als Gewinner:innen fühlen und es schneller zur Einigung kommt. Da es immer um eine konstruktive Lösung geht, können sich in bestimmten Situationen auch andere Lösungsmuster bewähren.

Im Team habe ich mit der Methode der „partnerschaftlichen Konfliktlösung" gute Erfahrung gemacht. Diese Methode ist auch unter dem Namen „Methode der drei A's" bekannt (ISTA Fachstelle Kinderwelten 2016, S. 91). Bei dieser Methode gehen Sie in folgenden drei Schritten vor:

Schritt 1: Anerkennen („Acknowledge")

Zuerst sprechen die Fachkräfte im Team über Differenzen in ihren eigenen Erziehungsvorstellungen. Hierzu lohnt es sich, einen pädagogischen Tag zum biografischen Arbeiten anzusetzen. Miteinander Erziehungsvorstellungen nebeneinanderzustellen und die Hintergründe zu erforschen, führt zu größerer Akzeptanz der Fachkräfte untereinander. Danach übertragen sie ihre Erkenntnisse auf die Konfliktparteien. Dabei sind sie sich bewusst, dass pädagogische Konzepte ein Teil unserer kulturellen Vorstellungen sind und nicht alle Erziehungsvorstellungen und -praktiken zusammenpassen. In der gemeinsamen Analyse gestehen sich die Fachkräfte oft ihre eigenen Gefühle ein und sprechen darüber miteinander. Bei der Übertragung der eigenen Erkenntnisse auf die Konfliktparteien konnte ich positiv beobachten, dass nun nicht vorschnell das Problem in der Familie des Kindes gesucht wurde. Nach den biografischen Überlegungen folgt der zweite Schritt.

Schritt 2: Nachfragen („Ask")

Schon in der Vorbereitung des Gesprächs wird eine Vielzahl von Fragen zusammengetragen. In meinen Augen hat es sich bewährt, auch die Fragensammlung mit mehreren Fachkräften vorzunehmen, da dadurch viele Ideen zusammenfließen. Alle Fragen können auf einem Vorbereitungsbogen festgehalten werden.

Im Gespräch mit der Familie hört die Fachkraft aufmerksam zu und achtet darauf, dass sie die Familie nicht in eine defensive Haltung drängt. Sie stellt die Fragen so, dass Informationen gesammelt werden, die über die kulturellen Vorstellungen der Familie Antwort geben. Diese Informationen lassen sich auch über einen längeren Zeitraum zusammentragen. Es bieten sich für diese Gespräche auch Tür- und Angelgespräche an. Diese Informationen über die Familie können im Team ausgetauscht werden und wieder in Bezug zur eigenen Biografie gesetzt werden. Im dritten Schritt erfolgt ein geplantes Gespräch, das zur Problemlösung führen sollte.

Grundmuster der Konfliktlösung
(nach Kreyenberg 2004)

- Vermeiden und Fliehen
- Konkurrieren und Vernichten
- Nachgeben und Unterwerfen
- Feilschen und Kompromiss
- Integrieren und Konsens
- Konfliktlösung unter Hinzuziehung einer dritten Partei

Fragestellungen für kooperative Lösungen.

Zielvereinbarung

Um was geht es uns heute? Was ist Ihr Anliegen? Sprechen wir vom gleichen Sachverhalt? Soll ich diesen nochmals wiederholen? Was soll in diesem Gespräch geschehen, damit es für Sie und Ihr Kind unterstützend ist?
Woran werden wir erkennen, dass wir unser Ziel erreicht haben?

W-Fragen:

- Was genau hilft uns dabei, gemeinsam eine Lösung zu finden? Welche Vorstellungen haben Sie und wie kommen Sie zu dieser Vorstellung?
- Wann oder ab wann wollen wir die Lösung ausprobieren?
- Wie fühlt es sich für Sie an, dass wir die Lösung so angehen?
- Was genau werden wir tun, damit es sich für Ihr Kind anders anfühlt?
- Was noch? Wann noch? Wo noch?

Perspektivenwechsel:

Wenn Sie sich in Ihre Tochter hineinversetzen, was würde sich Ihre Tochter für diese Situation wünschen? Können Sie sich vorstellen, was in Ihrem Sohn in dieser Situation vorgeht? Wie können wir ihn gemeinsam unterstützen?

Schritt 3: Sich aufeinander einstellen („Adapt")

Zu diesem Gespräch wird die Fachkraft die Familie einladen und gemeinsam einen Zeitpunkt und den Ort absprechen. Im Fokus steht die Unterstützung des Kindes, was bereits in der Einladung anklingen sollte. Mit Beginn des Gesprächs ist sichergestellt, dass sich beide Seiten klar sind, um welche Differenz oder welches Problem es sich handelt. Die Fachkraft erklärt, dass sie heute eine Lösung finden möchte, die dem Wohlbefinden des Kindes dient und mit der beide Seiten zufrieden sind. Bei der Suche der Lösungen achtet sie darauf, dass alle Lösungen geäußert werden können und Beachtung finden. Sie lenkt den Fokus immer wieder auf Gemeinsamkeiten und wiederholt diese im Gespräch. Mit großer Geduld und genügend Zeit sucht sie nach den gemeinsamen Lösungsmöglichkeiten. Das Besondere der Methode ist in meinen Augen, dass es nicht darum geht, Kompromisse zu schließen. Es soll nicht einer mit den Zähnen knirschen, sondern es soll ein dritter Raum eröffnet werden, der im besten Fall für beide Seiten etwas Neues darstellt. Dabei wird eine Lösung kreiert, die so bisher noch nicht bedacht wurde. Ich habe auch erlebt, dass im dritten Schritt keine Lösung gefunden wurde. Trotzdem hat sich der gemeinsame Umgang entscheidend verändert. Schritt eins und zwei gemeinsam zu gehen, öffnet bereits das Verständnis füreinander und lässt die Parteien gleichberechtigt nebeneinanderstehen. Es geht in keinem Fall darum, dass eine Partei ihren Willen durchsetzt, sondern um die Akzeptanz der verschiedenen Ansichten und den gemeinsamen Weg.

7. Eltern Beratung und Hilfe vermitteln

In vielen Situationen führen gute Kommunikation und der Wille, das Gegenüber zu verstehen, zu guten gemeinsamen Ergebnissen. Wenn ein Konflikt jedoch eskaliert oder festgefahren erscheint, ist die Situation herausfordernder und beschäftigt uns länger. Das Miteinander zwischen Fachkräften und Familie kann nachhaltig gestört werden. Es ist kein Versagen, wenn Sie erkennen und realistisch einschätzen, dass Sie mit Ihrem Handwerkszeug nicht weiterkommen. Für Sie, für die Eltern und nicht zuletzt für das Kind muss der Weg geebnet werden. Nur dann hat das Kind wieder die Chance, die Kita unbeschwert zu besuchen, denn Kinder spüren unausgesprochene Dissonanzen und werden durch diese belastet.

Netzwerke in der nahen Umgebung sind eine große Unterstützung.

Holen Sie deshalb jetzt Hilfe. Für ein klärendes Gespräch gibt es Ansprechpartner:innen bei Ihrem Träger. Viele Träger beschäftigen Fachberatungen oder Heilpädagog:innen, die speziell in Mediation ausgebildet sind. Eine weitere Möglichkeit sind psychologische Beratungsstellen. Dort treffen Sie auf noch spezieller ausgebildete Fachkräfte, die in die Kita kommen und Ihnen helfen werden. Setzen Sie sich mit den Eltern an einen runden Tisch, wenn es um divergierende Erziehungsfragen geht. So sind alle auf dem gleichen Stand und die beratende Person wird mit Ihnen gemeinsam nach Lösungen suchen.

Auch haben Kitas inzwischen regelmäßige Supervision, was ich sehr begrüßenswert finde. Supervisor:innen sind Ansprechpartner:innen für die oben beschriebenen Fragestellungen und helfen, wenn Kommunikationswege festgefahren sind. Sie bekommen hier Hilfe besonders für Fragen innerhalb des Teams.

8. Hilfe für Familien in Not – Netzwerke bilden

Jede Familie kann vorübergehend oder mehr oder weniger dauerhaft in eine wirtschaftlich schwierige Lage geraten. Äußerlichkeiten – zum Beispiel wenn Kinder kein Vesper dabeihaben oder immer wieder die gleiche Bekleidung tragen – fallen uns leicht auf. Doch nicht immer ist es für Außenstehende leicht zu erkennen, wenn Familien mit Armut kämpfen. Einige Kinder haben mit ihren Familien Fluchterfahrungen machen müssen und sprechen noch nicht die deutsche Sprache. Nicht wenige von ihnen haben Verluste von Angehörigen zu beklagen und ringen täglich um ihre psychische Gesundheit. Für all diese belastenden Situationen gibt es in Deutschland ein engmaschiges Hilfesystem, das allen offensteht. Gerade Familien mit jungen Kindern sollten davon profitieren.

Erfahrungsbericht aus meiner Kita-Praxis – Umgang mit armutsbetroffenen Familien

Die tägliche Praxis konfrontiert mich und mein Team häufig mit armutsbedingten Phänomenen wie fehlende Wechselkleidung, keine witterungsangemessene Kleidung, Schulden bei der Bezahlung von Essensgeld oder Beiträgen. Auch Wünsche der Kinder nach materiellem Wohlstand sind uns nicht neu. Es hilft uns, wenn im Team ein offener Dialog zum Thema „Armut" geführt wird. Wir sind sensibler geworden. Wenn wir im Morgenkreis allen Kindern der Gruppe Fragen stellen, achten wir darauf, dass kein Kind mit seiner Antwort in eine missliche Lage gerät. Es sollen möglichst keine Konkurrenzsituationen entstehen. Gesprächsanlässe können sehr vielfältig sein und müssen sich deshalb nicht um Urlaubsziele, Fahrradmarken oder neues Spielzeug drehen. Auch in Einzelgesprächen mit den Kindern ist es uns wichtig, einfühlsam zuzuhören, gerade wenn es um Themen und Wünsche geht, die sich aus der prekären finanziellen Situation der Familie ergeben („Ich möchte einen guten Beruf, damit ich meiner Mama alles kaufen kann, was sie sich wünscht!"). Wir kennen alle unsere Familien gut. Besonders die, die sich Sorgen um ihr tägliches Leben machen müssen. Natürlich können wir nicht alle Probleme lösen, aber wir können Wege eröffnen und wir haben offene Ohren für die Anliegen der Eltern unserer Kinder. Inzwischen kenne ich Hilfestrategien und Ansprechpersonen aus dem Sozial- und Jugendamt der Stadt, den Sozialarbeiter im Stadtteilbüro, die Zuständigen aus den Familien- und Beratungszentren. An diese professionellen Stellen verweise ich die Eltern im Notfall weiter. Die Angebotsstruktur in der Kita ist immer wieder auf dem Prüfstand. Wir haben sie dahingehend verändert, dass für jedes Kind die Teilnahme an allen Angeboten möglich ist. Ein Netzwerk von Sponsoren bei Rotary und Lions Club hilft, wenn die Kasse der Kita klamm ist. Ich nutze als Leiterin regelmäßig die staatlichen Angebote wie z. B. das Hilfepaket „Bildung und Teilhabe", obwohl die Zeit für das Ausfüllen der Anträge

Mit Aushängen, Ordnern und Flyern können Eltern über externe Hilfen informiert werden.

Tipp für die Praxis

Sammeln Sie in einem Ordner Adressen von Hilfsangeboten, Treffpunkten und Netzwerken (zum Beispiel Beratungsstellen, Eltern-Kind-Gruppen, Selbsthilfegruppen, pädagogische Elternkurse, Psycholog:innen, Familienkreise, heilpädagogische Praxen). Eltern benötigen Zugang zu diesen Hilfsangeboten. Stellen Sie den Ordner an einen sichtbaren Ort oder nehmen Sie ihn mit in die Elterngespräche. Wenn Sie mit Hilfeeinrichtungen zusammenarbeiten, können Sie auch Flyer auslegen, damit Eltern Zugang zu den Hilfsangeboten haben.

Literatur- und Linktipps zum Kinder- und Familienzentrum

Auf der Internetseite über Kinder- und Familienzentren der deutschen Kinder- und Jugendstiftung erfahren Sie alles Wissenswerte rund um dieses Programm. https://www.kifaz-bw.de/

Deutsche Kinder- und Jugendstiftung (Hrsg.) (2016): Gemeinsam erfolgreich. Eltern als Bildungs- und Erziehungspartner. Tipps aus der Praxis, 3. Auflage. https://www.dkjs.de/fileadmin/Redaktion/Dokumente/shop/3_Gemeinsam_erfolgreich.pdf (abgerufen am 09.08.2022)

Diller, Angelika; Schelle, Regine (2009): Von der Kita zum Familienzentrum. Konzepte entwickeln und erfolgreich umsetzen. Freiburg: Herder Verlag

Whalley, Margy & das Pen Green Centre Team (2007): Eltern als Experten ihrer Kinder. Das „Early Excellence" Modell in Kinder- und Familienzentren. Berlin. Dohrmann.

immer knapp ist. Ich bin sehr froh, dass es diese Möglichkeiten gibt, um keine Abstriche beim Bildungsangebot für die Kinder machen zu müssen.

Quelle: Schmal, G.; Dreher, J.; Frass, K.: So arbeiten wir mit armen Familien, kindergarten heute – das Leitungsheft, 3/2019.

Eine Kita, die gut vernetzt ist und mit unterschiedlichen Partner:innen zusammenarbeitet, kann Familien optimal unterstützen. Für viele Eltern ist die Kita ein Ort des Vertrauens und sie nehmen Hilfe gern an. Vielleicht auch deshalb hat sich in den letzten Jahren eine große Anzahl von Einrichtungen auf den Weg zum Kinder- und Familienzentrum gemacht.

In diesen Einrichtungen wird der Schwerpunkt auf die Zusammenarbeit mit den Eltern und die Vernetzung im Sozialraum gelegt. Dies zeigt sich in Kooperationen mit Sozialarbeiter:innen des Wohnorts, durch Familienberater:innen in den Einrichtungen, aber auch durch eine Vielzahl von Kursen und Angeboten, die über das normale Kita-Angebot hinausgeht. Unterschiedliche Programme unterstützen diese Entwicklung. Momentan ist es beispielsweise die Kinder- und Jugendstiftung, die sowohl monetär als auch durch Coaching, Beratung und Fortbildungen die Teams in den Einrichtungen begleitet. Nehmen Sie sich Zeit und informieren Sie sich auf der eigens dafür angelegten Internetseite. Für eine Kita, die diesen Schwerpunkt gesetzt hat, kann darin eine ausgezeichnete Weiterentwicklungsmöglichkeit gesehen werden.

Literatur

Anders, Y.; Rossbach, H.-G.,;Weinert, S., Ebert, S.; Kuger, S.; Lehrl, S.; von Maurice, J. (2012): Home and preschool learning environments and their relations to the development of early numeracy skills. Early Childhood Research Quarterly, 27(2), 231–244.

Andres, Beate; Laewen, Hans-Joachim (2011): Das infans-Konzept der Frühpädagogik. Weimar: Verlag das Netz.

Baden-Württemberg, Ministerium für Kultus Jugend und Sport (2016): Orientierungsplan für Bildung und Erziehung in baden-württembergischen Kindergärten und weiteren Kindertageseinrichtungen. Freiburg: Verlag Herder.

Bauer, Petra (2005): Institutionelle Netzwerke steuern und managen. Einführende Überlegungen. In: Bauer, P. Otto, U. (Hrsg.) 2005. Mit Netzwerken professionell zusammenarbeiten. Tübingen: dgvt-Verlag.

Bauer, Petra (2011): Multiprofessionelle Kooperation in Teams und Netzwerken – Anforderungen an die soziale Arbeit. IN: Zeitschrift für Sozialpädagogik. 4/2011. S. 341–361

Bertelsmann Stiftung (Hrsg.) (2008): Kommunale Netzwerke für Kinder. Ein Handbuch zur Governance frühkindlicher Bildung. Gütersloh: Verlag Bertelsmann Stiftung.

Berkel, K. (1999): Konflikttraining – Konflikte verstehen, analysieren, bewältigen. Heidelberg: Sauer.

Borke, Jörg; Keller, Heidi (2014): Kultursensitive Frühpädagogik. Stuttgart: Kohlhammer.

Brandt, Neetje, Wohlrab, Manuel (2022): Mit Emojis durch den Elternabend. Kindergarten heute. 8_2022. S. 30–32

Bronfenbrenner, U. (1981). Die Ökologie der menschlichen Entwicklung. Stuttgart: Klett-Cotta.

Bundesministerium für Familien, Senioren, Frauen und Jugend (BMFSFJ) (2013): 14. Kinder- und Jugendbericht BMFSFJ 2013. Berlin.

Bundesministerium für Familien, Senioren, Frauen und Jugend (BMFSFJ) (2009): 13. Kinder- und Jugendbericht BMFSFJ 2009. Berlin.

Colberg-Schrader, Hedi; Krug, Marianne (1999): Arbeitsfeld Kindergarten: Pädagogische Wege, Zukunftsentwürfe und berufliche Perspektiven. Weinheim: Juventa.

Diller, Angelika (Hrsg.) (2005): Der Streit ums Gütesiegel: Qualitätskonzepte für Kindertageseinrichtungen. München: Verlag Deutsches Jugendinstitut.

Diller, Angelika (2007): Von der KiTa zum Eltern-Kind-Zentrum. Wie sich Einrichtungen weiterentwickeln können. In: Kindergarten heute. 4/2007. Herder Verlag, S. 6–13.

Diller, Angelika; Heitkötter, Martina; Rauschenbach, Thomas (Hrsg.) (2008): Familie im Zentrum. München: Verlag Deutsches Jugendinstitut.

Diller, Angelika; Schelle, Regine (2009): Von der Kita zum Familienzentrum. Konzepte entwickeln und erfolgreich umsetzen. Freiburg: Herder Verlag

Dittmann, Christine (2012): Gelungene Kooperationsverhältnisse in Familienzentren. Eine empirische Untersuchung zur Gestaltung und Bedeutung von Kooperationsbeziehungen. Saarbrücken: Akademiker Verlag.

Ecarius, Jutta; Köbel, Nils; Wahl, Katrin (2011): Familie, Erziehung und Sozialisation. VS Verlag für Sozialwissenschaften.

Evanschitzky, P.; Zöller, S. (2021): Besser eingewöhnen! Fortschritt und Entwicklung im Münchner Modell. Weimar: verlag das Netz.

Fthenakis, Wassilios E. (1993): Fünfzehn Jahre Vaterforschung im Überblick. In: DJI (Hrsg.): Was für Kinder. Aufwachsen in Deutschland. Ein Handbuch. München. Kösel.

Gutknecht, Dorothee (2012): Bildung in der Kinderkrippe. Wege zur professionellen Responsivität. Stuttgart: Kohlhammer.

Hebenstreit-Müller, Sabine; Kühnel, Barbara (Hrsg.) (2004): Kinderbeobachtung in Kitas. Erfahrungen und Methoden im ersten Early Excellence Centre in Berlin: Dohrmann Verlag Berlin.

Hesse, Hermann (2012): Ein Hermann Hesse Lesebuch. Lebensstufen. Berlin: Insel Verlag.

IFP – Staatsinstitut für Frühpädagogik (Hrsg.), Reichert-Garschhammer, E.; Knoll, S.; Helm, J.; Holand, G.; Lorenz, S.; Möncke, U.; Oeltjendiers, L. (2021). KitaApps – Apps und Softwarelösungen für mittelbare pädagogische Aufgaben in der Kita. ifp.bayern.de und hub.kita.bayern – CC BY.

Literatur

ISTA Fachstelle Kinderwelten (Hrsg.) (2016): Inklusion in der Kitapraxis #2. Die Lernumgebung vorurteilsbewusst gestalten. Berlin: Wamiki Verlag.

Jurczyk, K.; Lange, A.; Thiessen, B. (Hrsg.) (2014): Doing family. Warum Familienleben heute nicht mehr selbstverständlich ist. Weinheim: Beltz Juventa.

Keller, H. (2019): Mythos Bindungstheorie. Konzept, Methode, Bilanz. Weimar: verlag das netz.

Kreyenberg, J. (2004). Handbuch Konfliktmanagement. Berlin: Cornelsen.

Laewen, Hans-Joachim (2002): Bildung und Erziehung in Kindertageseinrichtungen. In: Laewen, Andres: Bildung und Erziehung in der frühen Kindheit – Bausteine zum Bildungsauftrag von Kindertageseinrichtungen. Weinheim, Berlin, Basel: Beltz, S. 16–102

Laewen, Hans-Joachim, Andres, Beate (2022): Gut aufgehoben in der Kita. Zur Praxis einer professionellen Ethik. Freiburg: Herder.

Leupold, Eva-Maria (1997): Handbuch der Gesprächsführung. Problem- und Konfliktlösung im Kindergarten 3. Auflage. Freiburg: Herder.

Liebenwein, S. (2008): Erziehung und soziale Milieus, Wiesbaden: VS Verlag für Sozialwissenschaften.

Lindner, U. (2013). Klare Worte finden. Elterngespräche in der Kita. Mülheim Ruhr: Verlag an der Ruhr.

Merkens, Hans (2006): Pädagogische Institutionen. Pädagogisches Handeln im Spannungsfeld von Individualisierung und Organisation. Wiesbaden: Verlag für Sozialwissenschaften.

Peuckert, Rüdiger (2008): Familienformen im sozialen Wandel. 7. Aufl. Wiesbaden: Verlag für Sozialwissenschaften.

Rauschenbach, Thomas (2008): Neue Orte für Familien. Institutionelle Entwicklungslinien eltern- und kindfördernde Angebote. In: Diller, Angelika; Heitkötter, Martina; Rauschenbach, Thomas (Hrsg.) 2008: Familie im Zentrum. München: Verlag Deutsches Jugendinstitut. S. 133–156.

Regel, Gerhard; Kühne, Thomas (2007): Pädagogische Arbeit im Offenen Kindergarten. Freiburg: Verlag Herder.

Rietmann, Stephan; Hensen, Gregor (Hrsg.) (2008): Tagesbetreuung im Wandel. Das Familienzentrum als Zukunftsmodell. Wiesbaden: Verlag für Sozialwissenschaften.

Rietmann, Stephan; Hillenbrand, Martin (2009): Netzwerke für eine gute kindliche Entwicklung. Kooperation von Kindertagesstätten mit Fachinstitutionen. In: Zeitschrift Klein & groß. 6/2009 S. 23–25.

Rößler, B.; Heitkötter, M. (2007): Begleitstudie zur Rolle der Familienbildung in Familienzentren. Wuppertal: Paritätisches Bildungswerk e. V.

Roth, Xenia (2022): Handbuch der Zusammenarbeit mit Eltern. Freiburg: Verlag Herder.

Santen, Eric van; Mamier, Jasmin; Pluto, Liane; Seckinger, Mike; Zink, Gabriela (2003): Kinder- und Jugendhilfe in Bewegung – Aktion oder Reaktion? Eine empirische Analyse. Verlag deutsches Jugendinstitut. München: Opladen.

Santen, Eric van; Seckinger, Mike 2003: Kooperation: Mythos und Realität einer Praxis. Eine empirische Studie zur interinstitutionellen Zusammenarbeit am Beispiel der Kinder- und Jugendhilfe. München: Verlag deutsches Jugendinstitut. Opladen.

Schäfer, Gerd E. (Hrsg.) (2003): Bildung beginnt mit der Geburt. Ein offener Bildungsplan für Kindertagesstätten in Nordrhein-Westfalen. Weinheim Basel: Verlag Beltz.

Schweitzer, Jochen (1998): Gelingende Kooperation. Systemische Weiterbildung in Gesundheits- und Sozialberufen. Weinheim: Juventa.

Spiegel von, Hiltrud (2004): Methodisches Handeln in der Sozialen Arbeit. Grundlagen und Arbeitshilfen für die Praxis. München Basel: Ernst Reinhardt Verlag.

Stöbe-Blossey, S. (2010): Kindertagesbetreuung im Wandel. Wiesbaden: VS Verlag für Sozialwissenschaften.

Textor, Martin R. (Hrsg.) (2006): Erziehungs- und Bildungspartnerschaft mit Eltern. Gemeinsame Verantwortung übernehmen. Freiburg: Verlag Herder.
Textor, Martin R. (2011): Bildungs- und Erziehungspartnerschaft in Kindertageseinrichtungen. Norderstedt: Books on Demand.
Textor, Martin R. (2018): Elternarbeit im Kindergarten. Ziele, Formen, Methoden. Norderstedt: Books on Demand.
Wehinger, Ulrike (2022): Eltern beraten, begeistern, einbeziehen. Erziehungspartnerschaft in der Kita. Freiburg: Verlag Herder.
Welzien, Simone (2008): Basiswissen Kita: Familien stärken – von der Kita zum Familienzentrum. Kindergarten heute. 2. Auflage. Freiburg: Verlag Herder.
Weltzien, Dörte (2006): Vernetzung und Kooperation: Konzepte, Analysen und Modellansätze. Studienbuch 16 zum Bildungs- und Sozialmanagement der FH Koblenz. Remagen: ibus- Verlag.
Whalley, Margy & das Pen Green Centre Team (2008): Eltern als Experten ihrer Kinder. Das „Early Excellence" Modell in Kinder- und Familienzentren. Berlin: Dohrmann.
Widulle, W. (2012). Gesprächsführung in der Sozialen Arbeit. Grundlagen und Gestaltungshilfen. Wiesbaden: Springer VS.
Wulfekühler, Heidrun; Wiedebusch, Silvia; Maykus, Stephan; Rietmann, Stephan; Renic, Marijan (Hrsg.) (2013): Interprofessionalität in der Tagesbetreuung. Module zur Gestaltung von Netzwerkpraxis. Wiesbaden: Springer VS.

Links

Bundesministerium für Familien, Senioren, Frauen und Jugend (Hrsg.) (2016): Sprach-Kitas: Weil Sprache der Schlüssel zur Welt ist. https://www.fruehe-chancen.de/themen/sprachliche-bildung/bundesprogramm-sprach-kitas (Zugriff am 10.07.2023)
Deutsche Kinder- und Jugendstiftung (Hrsg.) (2016): Gemeinsam erfolgreich. Eltern als Bildungs- und Erziehungspartner. Tipps aus der Praxis, 3. Auflage. https://www.dkjs.de/fileadmin/Redaktion/Dokumente/shop/3_Gemeinsam_erfolgreich.pdf (abgerufen am 09.08.2022)
Kinder und Jugendstiftung. Kitas werden Kinder- und Familienzentren (2022): https://www.kifaz-bw.de/ (Zugriff am 19.08.2022)
Reichert-Garschhammer, Eva; Knoll, Stefan; Helm, Johann; Holand, Georg; Lorenz, Sigrid; Möncke, Ullrich; Oeltjendiers, Laura (2021): Apps und Softwarelösungen für mittelbare pädagogische Aufgaben in der Kita https://www.ifp.bayern.de/imperia/md/content/stmas/ifp/kitaapps_ifp-expertise_auflage_2_august_2021_final.pdf
Universität Marburg (2021): Lieber bei Mama oder bei Papa oder bei beiden? Studie zu Trennungskindern. https://www.uni-marburg.de/de/aktuelles/news/2021/lieber-bei-mama-bei-papa-oder-bei-beiden (Zugriff am 07.07.2023)

Impressum

praxis kompakt: Gemeinsam mit Eltern & Familien – Die Zusammenarbeit zeitgemäß gestalten ist ein Sonderheft von kindergarten heute – Das Fachmagazin für Frühpädagogik

Redaktion
Thilo Bergmann (verantw.)
Tel. 0761/2717-209
E-Mail: bergmann@herder.de

Sofie Raff
Tel. 0761/2717-530
E-Mail: raff@herder.de

Anschrift der Redaktion
Hermann-Herder-Str. 4
79104 Freiburg
Tel.: 0761/2717-322
E-Mail: redaktion@kindergarten-heute.de
www.kindergarten-heute.de

Verlag
© Verlag Herder GmbH, Freiburg im Breisgau 2023
Alle Rechte vorbehalten
www.herder.de

Bildnachweis
Coverfoto: © Westend61 – GettyImages
Fotos: S. 7, 9, 11, 17, 18, 20: Städtische Kita am Löwenbergpark, Gengenbach
S. 1, 5, 10, 12, 15, 22, 24, 27, 29, 35, 38, 42, 43: © frimages – GettyImages; S. 3: © Maskot – GettyImages; S. 4: © StockPlanets – GettyImages; S. 6: © shironosov – GettyImages; S. 13, 30: © Westend61 – GettyImages; S. 14: © Macrovector – GettyImages; S. 16: © Sorapop – GettyImages; S. 21: © martin-dm – GettyImages; S. 25: © Tom Werner – GettyImages; S. 26: © adamkaz – GettyImages; S. 28: © Nikola Stojadinovic – GettyImages; S. 32: © Valeriy_G – GettyImages; S. 34: © Thomas Barwick – GettyImages; S. 36: © KTSDESIGN SLASH SCIENCE PHOTO LIBRARY – GettyImages; S. 37: © SDI Productions – GettyImages; S. 39: © Photonell_DD2017 – shutterstock; S. 40: © Portra – GettyImages

Layout, Satz und digitale Bearbeitung
rsrdesign Reckels & Schneider-Reckels, Guntersblum, www.rsrdesign.de

Druck
Medienhaus Plump GmbH, Rheinbreitbach

Leserservice
Verlag Herder GmbH
Hermann-Herder-Str. 4
79104 Freiburg
Tel.: 0761/2717-379 oder 0761/2717-244
Fax: 0761/2717-249
E-Mail: kundenservice@herder.de

Gedruckt auf chlorfrei gebleichtem Papier

Printed in Germany

Titelnummer: 332
ISBN Print: 978-3-451-00332-5
ISBN E-Book (PDF): 978-3-451-82198-1